子どもたちに
幸せな未来を！

小学生版シリーズ4

小学生版 のびのび子育て・教育Q&A

お母さんの悩みに
そっと答えます

ほんの木【編】

ほんの木

デザイン／渡辺美知子
カバー・本文マンガ＆イラスト／藤村亜紀

はじめに

本書は、小学生の子育て・教育を考える『子どもたちに幸せな未来を！　小学生版シリーズ』の4冊目にあたります。この本では、これまでほんの木に寄せられたお母さん方からの質問や悩み事を中心に、小学生の子育てで直面するさまざまな問題、テーマについて、9名の方々にお答えをいただきました。

全国各地域から、お子さんの年齢や家族構成などの異なる多様な読者の方々からお便りを頂きましたが、お母さん方の抱える不安や悩みには共通する部分が多く、同様の悩みを多くの方々が抱えていることに気付かされました。その中には、いつの時代も、多くのお母さんたちが悩んできたであろうと思われる問題もある一方、今の日本ならではの社会的な悩みや、教育上の不安も見受けられました。

子育てが大変な時代、といわれます。教育に関する政府の政策が管理・画一化の方向へと向かい、巷《ちまた》には受験や競争を煽《あお》る情報や産業が溢《あふ》れかえる昨今、子どもの教育や将来についての不安や焦《あせ》りを感じるのはむしろ当然のことかもしれません。この傾向の背景には「子どもは親や大人がコントロールできるもの、すべきもの」という傲慢《ごうまん》とも思える考えが横たわっているように思えます。先日ニュースにもなった、「不登校」（1年間で学校を30日以上欠席）の小中学生が06年度に5年ぶりに増えたこと（中学生は全生徒の2・86％と過去最高）は、この渦中にいる子どもたちの無言の抵抗・抗議ともいえるでしょう。

子どもたちが生きていく未来は、私たち大人も知らない未知の世界です。大人が「よかれ」「こうあるべき」と思うことを押し付けても、それが本当にその子にとってよいことか、役に立つかは誰にも分かりません。子どもの人生にとって何よりも大切なことは、学力を上げることだけでもなく、ましてや〝一流校〟に入ることでもなく、この先に待ち受ける未知なる世界において、子どもたちが自分の力で自分らしいあり方や生き方を見出し、直面する問題を共に生きる市民と手を携《たずさ》えて、今よりもっと良い社会や政治を目指し、困難を解決しながら、自分の役割や使命を見つけていくことであり、いつの時代も親の役目とは、そのための手伝いをすることにほかならない――本書にご登場いただいた9名の方々の考え方の根底には、このような認識が共通して流れているように思えます。そしてこの視点に立つと、日常の小さな悩みから、進路など大きな決断に関わることまで、自ずと答えが導き出されるように感じられました。

本書の回答者として、各質問に原稿をお寄せ頂いた、魚住絹代さん、大村祐子さん、尾木直樹さん、藤村亜紀さん、山下直樹さん、また、取材させて頂き、編集部でまとめた原稿を校正して頂いた内田良子さん、北沢杏子さん、汐見稔幸《としゆき》さん、はせくらみゆきさん、9名の皆様には大変お忙しい中、ご協力を頂き、教育者や先輩ママとしての数々の貴重なアドバイスや知恵をご提供下さいました。本当にどうもありがとうございました。

そして、お手紙、ファックス、メールなどで質問をお寄せくださった読者の方々にも心より感謝申し上げます。頂いたお手紙の文面を何度も思い返しながら、必要とされているお答えをお伝えできるよう、試みたつもりですが、ご満足頂ければ幸いです。残念ながらすべてのご質問を掲載することはできませんでしたが、全58問の回答の中に、解決への小さな糸口でも見つけていただければ、嬉しく思います。

本書の扉ページの4コママンガ及び、表紙イラストで楽しい彩《いろど》りを添えてくださった藤村亜紀さん、そしてこのシリーズ1年目の4冊を、装丁から本文まで、毎回素敵なデザインで飾って下さったデザイナーの渡辺美知子さんにも心より感謝致します。ありがとうございました。

2007年8月　ほんの木　編集部

小学生版のびのび子育て・教育Q&A
CONTENTS

2章 進学・勉強
悩んでます。あれも、これも

3章 親子・夫婦
不安と迷い

4章 家庭教育・しつけ
どうすればいいの?

5章 子どもの心・友達づきあい
親のすべきこと

6章 親同士のおつき合い うまくやるには?

7章 お金・ゲーム インターネット 大切なこと

8章 からだ・性教育
何をどこまで、家庭の中で

質問にお答えいただいた方々

魚住絹代さん
（うおずみ きぬよ）
元法務教官
訪問指導アドバイザー
©平田尚加

内田良子さん
（うちだ りょうこ）
心理カウンセラー

大村祐子さん
（おおむら ゆうこ）
「ひびきの村」
ミカエル・カレッジ代表

尾木直樹さん
（おぎ なおき）
教育評論家

北沢杏子さん
（きたざわ きょうこ）
「性を語る会」代表

汐見稔幸さん
（しおみ としゆき）
白梅学園大学教授・副学長

はせくらみゆきさん
画家
エッセイスト

藤村亜紀さん
（ふじむら あき）
「出会いと生きがい創りの場　陽だまりサロン」
主宰

山下直樹さん
（やました なおき）
治療教育家
スクールカウンセラー

1章

学校
わからないこと、困ったこと

Q1 学校 担任の先生と合わない息子

子どもが自分のクラスの担任の先生と合わないようで、先生もうちの子には特に厳しく当たるようです。私から見ても、先生は少しクセがある、好き嫌いのありそうな人だという印象を持っています。担任が代わるまで我慢すべきでしょうか？　または、校長や教育委員会に相談に行ってもよいのでしょうか。親として、どう対応してあげたらよいのでしょう？

A まず冷静に情報収集を。行動を起こすときは客観性を持って

回答●汐見稔幸さん

担任の先生に何らかの問題があるときは、子どもが「今日先生にへんな扱いをされた」とか「誰々をえこひいきした」というように先生に対して不満を言う、ということがきっかけで分かる場合や、「クラスの○○ちゃんが今日かわいそうだったんだよ」ということで分かる場合があります。

ただ、子どもも感情的になって大げさに言っている場合もありますし、子どもが冗談でやったことがみんなに迷惑をかけてしまって、それで叱られたのだけど、それに気づかずに自分が特別

に悪く思われているんじゃないか、と思い込んでいることもありますから、すぐにカッとならないで、まずは注意して普段のクラスの様子をしばらく聞いてみる必要があります。

しばらく冷静に子どもの言い分を聞いたり、情報を集めてみた上で、やはりどうも人間的に偏《かたよ》りの強い先生だなとか、セクハラ気味のところがあるなど、ちょっとおかしいなと感じた場合にも、すぐに行動しないで、子どもに「クラスの友達で同じような気持ちを持っている友達はいないの？」と聞いてみて下さい。

生徒の一人が先生と合わないと感じていたら、同じような思いを持っている子がだいたい何人かいるはずなんですね。そうしたら、その子の親に「うちの子がこう言うんだけど、お宅で聞いてない？」と情報を確かめます。その家の子も実は先生に不安を持っていた、と分かれば、自分の子どもだけの話ではなく、客観性がでてきますから、「このままずっと学年末の3月までいくと子どもが傷つくのではないか」「勉強嫌いになるのではないか」「学校嫌いになってしまうのではないか」と同じ心配を持つ親同士を横につなげて、その上で校長や副校長に話に行く、というのが一番筋《すじ》の通った方法でしょう。

そのときに、できたら「○月○日に子どもがこういうことを言っていた」と起きた出来事や子どもの言葉をきちんとメモに残しておくといいですね。

担任の先生とある程度親しくて、先生に直接「子どもが何か文句いってたわよー」と言えて、先生も「え、そうだったの?!」というような会話ができる関係ならいいのですが、普段からそれほどつながりがなくて、直接先生に話すと角が立つようであれば、校長先生から、そういう不満が親御さんから出ていると先生に言ってもらうことです。校長はそれが仕事ですから。

それで様子をみて、しばらくして先生の態度が変わればいいですし、それでも態度が変わらないときは、もう一度校長先生に話して、「こういうことが続けば、担任を変えてもらわなくてはなりません」と問題を少しずつ大きくしていけばいいのではないでしょうか。

教育委員会はあまり細かいことは分かりませんので、すぐに教育委員会には行かないほうがいいでしょう。ただ、校長先生の対応が不誠実であれば、教育委員会に行くべきです。

最近は、モンスターペアレントと言われるように、学校に何でもクレームをつける、ちょっと変わった親が増えていて、「手を挙げているのにどうしてうちの子を当ててくれないんですか」など、オイオイ、と言いたくなるような困った親もいます。そのため教師や教育委員会側も少し構えているところがあるかもしれませんが、複数の親が同じことを言っていたりして、親の主張が無茶ではないと分かれば、学校も必要な対応をしてくれるはずです。

Q2 学校 お稽古《けいこ》、塾…どこまでやればいい？

うちの子どもは学校の勉強は好きで、成績もよいのですが、塾へ通ったりお稽古《けいこ》ごとをたくさんしているクラスの子どもの話を身近で聞くと、うちのように塾に行かず、お稽古も何もしていない状況でよいのか不安になります。

のびのび、ゆったり育ってほしい。でも子ども時代の過ごし方のために大人になってから、勉強が遅れたり、進学や進路に不利になってしまうことがないようにしてあげたいと悩みます。親は何を基準に子供の将来を見据えて判断したらよいのでしょうか。

A 今しかできない遊びや楽しみを大切に

回答●汐見稔幸さん

学校の勉強が基本的には分かっていて、普段のテストでもだいたい80点くらいはとってくる、という場合は、勉強の面についてはそんなに不安を持たなくていいと思います。ただ、返ってくるテストの点が毎回40点、50点という場合は、かなり分かっていないところがあるということですから、早いうちに勉強を回復しておかないと、分からないことが積み重なってしまい、後から大変になります。

そういう場合は、親が少し勉強をみてあげてほしい。でも、「なんでこんなことも分からないの！」というのではなく、「ここの計算があいまいになってるんじゃないの？」とか、「もう一回やってごらん」と、少しサポートしてあげるようにして下さい。ただし、学校の勉強全体が漠然《ばくぜん》と分からない、親としてもどうしてあげればいいのか分からない、という場合には、補習を中心とするような塾に通うことも、多少お金はかかりますが、将来のことを考えれば十分にありうる選択肢だと思います。

小学校の勉強はそれほど先に進んでやる必要はありませんが、8割、9割は理解して先に進まないと、中学生になってからが大変です。

また、ある程度勉強ができて、都会で暮らしているご家庭の場合、私立、国立の学校を受験させてみる、という選択肢もあり得るでしょう。ただその場合は、小学校4、5、6年生の約3年間は、まさに受験の勉強漬《づ》けになるということを覚悟しなければいけません。

毎日「今日○○ちゃんと××に行って△△してくるんだー」とか、「おじさんが釣りを教えてくれるんだって！」などという子どもらしい楽しみはまずできなくなります。小学生の子どもたちは、遊びや活動をとおして毎日の生活の中で小さな夢を描きながらそれを実現していく、いわば人生を手づくりする練習をしていて、その中でいろいろ工夫したり、友だちといい関係を作ったりしながら、社会性を鍛《きた》え、能力を鍛えている面もあるのです。

子どもたちは単に遊んでいるように見えて、実にさまざまなことを学ぶのです。それが受験となれば塾と家庭との往復で、家に帰っても塾の予習復習、という生活が始まりますから、少年時代の後半は犠牲にするくらいの覚悟は必要でしょう。

それでも子どもの将来のこと考えたら中高一貫校に入れたほうがいい、と思うのであればそういう選択もありますが、そのかわり土日で塾がないときは、どこかに出かけて思い切り遊ばせてやるなど、いろいろ工夫する必要が出てきます。

親御さんが、そこまでして受験させたいと思わない、子どももそれを望んでいない、という場合は、中途半端に塾に行かせる必要はないと思います。注意しないと、遊びも中途半端、勉強も中途半端でズルズルとなって、中学生になった気がしないということになりかねません。

今日では、塾に行く子も多いので、例えば仲良し5人のうち3人が塾に行ってしまった、ということになると友達と遊べなくなりますから、友達を作りに塾に行っている、という子も実際には多いようです。それだけの経済的余裕があればそういう塾通いもいいと思いますが、その場合、勉強が伸びるということはあまり期待しないほうがいいと思います。

僕の息子は学校の勉強が大嫌いでしたから、「あんなつまんない勉強を家に帰ってまでやるヤツは友達じゃない」と塾に行く友達を全部切っていって、塾に行かない子だけで集まって遊んでいました。親が離婚した子とかいろんな子がいましたが、とても仲良しで、今でも本当にいい友達です。

学校の勉強が将来の受験の学力に直接影響を与えてくるのは、中学校に入ってからです。高校入試に向けた本格的な勉強は、小学校の勉強の基本さえ分かっていれば中学校からで十分間に合います。だから、「中学校に入ったら勉強も難しくなるし進むペースも早くなるから、小学校の生活とは変えて、必要な科目は予習復習をやりなさいよ」とけじめをつけさせるのがいいですね。

その切り替えがうまくできるようにするためにも、小学校で思い切って遊んだ、という満足感があるほうがいいのです。毎日毎日、「今日どこへ行こう?」と今と明日、明後日のことだけ考えて遊んでいられるという時代も小学生までですから、思い切り楽しませてあげて欲しいと思います。

習い事も、将来楽しめるものがあったほうがいいと思えば、本人の希望を聞いて、何かさせるのもいいと思います。また、今まで全然やりたくなかったのに急に、ピアノとかバイオリンを弾《ひ》けるようになりたい、と思えば、それから始めても十分です。幼児のときから始めなければいけない、ということはありません。

英語についても、本人が英語をしゃべりたいと思ったり、外国に行って「やっぱり英語しゃべれないと楽しくないなあ」と感じたりして、本人にやりたいという意欲があれば習わせてもいいと思います。けれども、受験科目の一貫として、英語ばかりを勉強させようとしたら、英語そのものがつまらないものになってしまいますから、あくまでも本人が学ぶことを楽しんでいる点を大切にしてあげて欲しいと思います。

今の子どもの生活では、一日中、日が暮れるまで遊んできて、という生活はなかなかできません。そのため家に帰ってテレビゲームばかりをしているのなら、本人の希望を聞いた上で、何か習い事を一つ二つやらせてもいいかもしれませんね。

参考のために、ぼくの息子がその後どうなったかと言いますと、小学校時代は「期待通り」塾に行かない子と毎日好きなだけ遊んでいました。地元の公立中に入学するとき、ぼくの妻が「これまであなたは遊んでばかりいたけど、あなたの友だちは塾へ行って勉強してきたのよ。中学校に入ったら少しは勉強するのよ」と言ったのですが、それに対して「わかってるよ」という答えが返ってきて、妻がびっくりしたと言ってました。「何がわかってるんだか」と夫婦で笑っていましたが、中学生になってはじめての中間テストのとき、何と生まれてはじめて机に向かって勉強をし出したのです。これには驚きましたが、やはり中学生ともなると勉強はしなくては、と自覚はしているのですね。小学校時代、存分に遊んだので、その満足感をベースに自分で自覚して勉強を始めるのです。これには、なるほどなと感心したのを思い出します。適度な圧力と満足感、充足感。これがキーワードかもしれません。

Q3 学校
不登校になりそうな息子

小3男の子の母親です。最近、朝起きると、必ず頭痛や腹痛を訴え、どうも学校に行きたくないようです。休ませてやりたいのですが、甘やかすのもよくない、と思い悩みます。また、不登校になってしまわないかと心配しています。

A 登校渋《しぶ》りは子どもが発する精一杯のサイン

回答●山下直樹さん

小学3年生くらいの子どもにとって、不安な思いや嫌な思いを抱いているとき、その思いを率直に表現することは難しいものです。心の動きを適切な言葉で表現できるようになるのは、小学校の高学年になってからで、中学生にとってもそうした表現をすることは難しいことがあります。揺《ゆ》れ動く心は、「頭が痛い」「おなかが痛い」などの身体症状としてまず表現されることが多いようです。ですから、小3のお子さんについて、朝になると毎日のように身体症状を訴え、その症状がお昼頃になくなる、ということであれば、心の様子を気にかける必要がありそうです。

お子さんが、「頭が痛い」「おなかが痛い」などといって、登校を渋るということは、何らかの心の揺れがあるのではないかと思います。まずは、そういう子どもから発せられる精一杯のサインを受け止めてみましょう。

心が揺れ動いているときに、無理に登校させるようなことは逆効果なようです。

お母さんの中にも「休ませてやりたい」という気持ちと、それが「甘やかしているのでは」という不安とが入り混じっているようですね。

私は「休ませる」ことが「甘やかす」ことにはならないと思います。むしろ、お子さんが発している「学校へ行きたくない」というサインをお母さんが受け止めることが大切です。

小学3年生というと、「毎日学校へ登校する」というリズムが、ようやくできはじめた頃です。入学したばかりの頃は、毎朝母親に起こされ、着替えや朝食、洗面などいちいち言われなければできなかったにもかかわらず、繰《く》り返しているうちに次第に自分一人でできることが増えていきます。親としては子どもの成長を感じるときですね。

そんな矢先の登校渋りであれば、お母さんとしては、このまま不登校になってしまわないかということが心配になるのも理解できます。

小学3年生のこの時期は、自我の芽が大きく育ち始める時期だということができます。自分と他人を理解し始め、自分とは何か、生きることや死ぬこととは、などと考え始める時期です。交友関係や、行動範囲も広がり、親の知らない友だちも多くなっていきます。そういう意味で自我の芽が大きく育ち始めているわけですから、親として頼もしく感じることもあるでしょう。

一方でこの時期は、子どもにとって、急に外の世界に放り出されたような不安感を感じることもあるのです。それが大人からみると「甘え」のように感じてしまうのかもしれません。今までできていたことが、急にできなくなるのですから、「甘えている」と感じるのも当然です。夜、両親と一緒の部屋に寝ることを望んでぐずったり、幼児の頃のように、絵本を読んでほしいと要求することもあります。この時期は、一方では自立した姿を見せ、頼もしさを感じさせる行動をし、もう一方では、赤ちゃん返りのような行動が見られます。そうした相反する行動が見られるのもこの時期です。

子どもは毎日、学校という社会で生活していますから、そこではいろいろなことがあるでしょう。集団に違和感を感じ、なかなかとけ込めなかったり、ストレスを感じて、そこから一時的に離れていたいと思うことがあっても当然です。

そんなときは家庭でほっと一息つかせてあげましょう。そんな親子関係を築くことが第一歩です。

小さな子どもは、母親と公園などへ行ったとき、母親から少し離れた場所でどんなに他の遊びに夢中になっても、必ずちらちらと母親の所在を確認しながら遊びます。「お母さんはあそこにいるな」「いつでもあそこに行けばお母さんが自分を受け止めてくれるんだ」という安心感があって初めて、母親と離れて遊ぶことができます。

小学生の場合も、「自分は愛されていて、親は自分をいつでも見守り、受け止めてくれる」という安心感を十分に抱くことができて初めて、子どもは学校という大海原《おおうなばら》へ出かけていけるのです。ですから、親としては、子どもの欲求を十分に満たし、子どもの心の中に、学校という社会に飛び立っていけるだけの安心感という心の土台を築いていくことが必要です。

低学年で登校渋りを示す子どもには、一日の生活リズムを整えることも一つの方法です。心と体は強く結びついていますから、心がアンバランスな状態であれば、体にも何らかの不調が表れます。反対に体が不調であれば心にも影響を与えます。

睡眠のリズムや食事のリズムに代表されるリズムのある生活は、体の調子を整えます。決まった時間に眠り、決まった時間に起きる。そして食事についても、3食一定の時間に食べる。睡眠や食事という、人間が生きるうえでの基本的な活動を、意識的に淡々と行うことで、体は整《ととの》っていきます。

体が整っていくことで、外の世界と結びついていくだけの力が育ち始めていきます。

大切なのは、「学校へ行くか、行かないか」ではなく、社会と結びついていくための土台を、心と体において作っていくことだと思います。

Q4 学校

学校でいじめがあるみたい…

クラスでいじめがある場合、親としてどのようなことができるのでしょうか？　わが子がいじめにあっている場合、また、友達をいじめる側に立ってしまっている場合は？　また、そもそも学校での「いじめ」を抜本的になくすことは可能なのでしょうか？　そのために親としてできることはありますか？

A いじめは必ず追放できます

回答●尾木直樹さん

「クラスでいじめがある場合」の親の役割には、大きなものがあります。

親が何をすべきかに入る前に、「クラスでいじめがある」ことをどうとらえたらいいのかについて、二つの視点からお話ししておきたいと思います。

一つは、いじめというものは、必ず学級（75％）や部活動（15％）といった固定された閉鎖的空間、それも行動や活動の一致、団結を強く求める集団の中で発生しやすいという特性を有しています。ですから、学級でいえば、運動会や文化祭、合唱コンクールなど大型の企画の中で発生しやすいのです。表面的には、みんな仲良く団結して、クラス全員が連帯できているように見える中で、お互いの同調圧力が強くかかっていればいるほど起きます。ほんのちょっとした気持ちや行動のズレ、行き違いが、あるきっかけから大きな落差となって少数派への不満、攻撃性となって暴発《ぼうはつ》しかねないのです。それが、いじわる段階に始まり、ふと気付いたらいじめに発展していた、などということになりかねません。

ですから、担任の指導が手抜きでいい加減なクラスよりも、指導熱心で、いつもよい成果を上げ続けているクラスほど、実はいじめが発生しやすいのです。このことは、肝に銘《めい》じておく必要があります。

部活動でも同様に、あまり熱心ではない部ではいじめは発生しにくいのです。相互に軋轢《あつれき》が生じないからです。逆に一致団結やチームプレーが重視・要求される部では、必ずといってよい程いじめが発生するのです。例えば、運動部なら個人技の剣道部などよりもバスケットボール部、文化部なら読書同好会よりもブラスバンド部などが心配されることが多いものです。

このことは、悲しいことですが、いじめで自殺した子が所属していた部活はどこかをみればうなずけるでしょう。

二つめは、発生したいじめの被害者は誰かという問題です。このことについて社会的には、いじめは加害者、被害者、傍観者の三つに分けて考えられるケースが一般的です。

確かに〝現象面〟から見れば、この三つの分類は正しいといえます。ですが、実は、心理面からとらえると、すべての立場の子どもたちが人格の発達・成長という教育的側面において、深刻な「被害者」であるという事実をしっかり押えておくべきではないでしょうか。いわば人間尊重の視点からは、加害側・被害側の子どもも「間接的被害者」ととらえることが大切です。

まずクラスの70％以上は傍観者の立場にあたります。

「うちの子は、加害者でも被害者でもなくてよかったわ」

などと胸をなでおろしたくなる気持ちは、よく理解できます。ですが、これは視野の狭いいじめ理解といわざるを得ません。被害者が、大きな痛手を受けていることは当然ですが、実は、傍観者のお子さんも、心に深い傷を負っているのです。

「見て見ぬふりをしていた自分」「自分に回ってきたら怖いからと止められなかった自分」「卑劣な自分」をいつまでも大人になっても責め続けることになります。なかなか自尊感情を持てず、心が不安定な子に育ってしまう可能性も大きいのです。

また、誤解を怖れずにいえば、ある意味では加害者こそ、人間の発達という側面から見れば、最大の被害者でもあるのです。人の心の痛みがわからず、モラルも崩壊した人格に育つという点においては、確かに「被害者」といえなくもないのです。

こう考えてくると、いじめは、すべての子どもたちの心を傷つけ、プライドを奪《うば》う最悪の行為なのです。一刻も早く、わが子の学級からも追放しなければなりません。

わが子が被害者の場合、その親として一番大切なことは、親が乗り出して相手の子どもをやっつけることではありません。いかにしてわが子を「守る」のかが最大の課題なのです。その最大のポイントは、「あなたは悪くない」「お母さん、お父さんは100%あなたの味方なんだ」「イヤなら学校に行かなくてていいんだよ」というメッセージをしっかり、心と言葉を使い体を抱きしめて伝えることです。これに尽きます。その上で学校に克服と解決を要求することです。

加害者の場合はピンチです。まずわが子がとった行為が人の心を傷つける、許しがたい行為であることを道理を尽くして伝えましょう。相手の立場に立たせるために、いじめられた子のリポートや本を読ませるのも一つです。本人は多くの場合、ふざけのつもりなのですから。そうではないことに気付かせるのです。第二には、なぜわが子がそのような行為に至ったのか、その心の背景をしっかりつかむこと。いかに愛情に飢《う》えているのか、心が寂しいのかを実感として把握してやることです。そして、オフィシャルな分野で正々堂々と活躍できる場面や方法について、アドバイスしてやることです。叱るだけでは伝わらないのです。

クラスみんながお互いをありのまま認め合える人間関係、価値形成に取り組めば、必ずいじめのないクラスになります。「ありのまま」のすばらしさを感受できる感情を育てることです。学級PTAなどで担任も交えて話し合ってみましょう。必ず明るい方向が見えてくるはずです。

Q5 学校
引っ込み思案の娘が心配

小学2年生の娘ですが、担任の先生からの話では、授業中、自分の番になっても声を出して発言できない、あるいはとても小さな声でしか発言できていないそうで、心配です。

A 性格は子どもによって様ざまです

回答●山下直樹さん

子どもの性格というのは、一人ひとり顔が違うように、子どもによって様ざまです。おしゃべりで、友達も多く、授業中は先生の話を目を輝かせて聞き、当てられる前に答えてしまうような子どもがいます。一方で繊細で感受性が強く、人前ではあまり話さないようなタイプの子どももいます。引っ込み思案な性格は、もともと持って生まれた性格が大きく影響していますので、そのこと自体を心配して、治さなければいけないというものではありません。

こうした性格を治そうとするとかえって逆効果になってしまいます。むしろ引っ込み思案な性格を受け止め、見守っていきましょう。

では、こうした子どもたちをどのように理解することができるのでしょうか。

学校で子どもたちを見ていると、本当に大きなエネルギーを感じます。校庭を走り回り、大きな声で話し合い、時には叩《たた》いたり、叩かれたり、泣いたり、泣かされたり……。子どもたちの集団というのはエネルギーの塊《かたまり》のようです。

引っ込み思案な子どもの場合、そうしたエネルギーをもともと持っていないようにも見えてしまいます。けれども、実はそうではありません。学校で生じるダイナミックなエネルギーを、引っ込み思案な子どもも、他の子ども同様に持っているのです。そして、そのエネルギーが内側に閉じ込められがちで、なかなか外に表れてこないのです。

このように、引っ込み思案な子どもを理解することは大切な視点です。

引っ込み思案な子どもでも、常に自信がなさそうに小さな声で話すわけではありません。家族と一緒のときには、学校では絶対見せないような積極性や、リーダーシップを見せることがあります。

もし、お母さんの前でほめられるようなことをお子さんがしたなら、大いにほめてあげてください。ほめられることで「自分ってすごいんだ」という自信をつけることが重要です。自分にとって安心できる人の前で、自分の思いを表し、自信をつけていくという体験を積み重ねていくことが、こうした子どもには大切なことなのです。

Q6 学校　忘れ物、落し物が直らない

小学校に入っても忘れ物や落し物が多く、注意しても直りません。あまり注意すると自己否定してしまうようで、強くも言えず、少し心配しています。

A わざと忘れているのではないということ

回答●山下直樹さん

何度注意しても、学校へ行くための準備ができない、ようやく準備をしても忘れ物が多い、などということが続けば、「どうしてこの子は、何度言っても直らないのだろう」とイライラしたり、心配になってしまいます。

このようなタイプの子どもを理解するとき、「わざと忘れているわけではない」ということは、重要な視点です。本人は「どうして忘れ物をしてしまうのだろう」「言われたことを忘れないようにしたい」と思っているのです。

忘れ物や落し物が多い子どもに、強く注意することはあまり効果がありません。強く言うことで効果があるのであればそれもまた一つの方法かもしれませんが、効果がないのに一方的に注意

することは、お互いに気持ちのいいものではありませんね。

そこで、私は必要なことを効果的に伝えるためには、「短く、具体的に、穏《おだ》やかに」という方法をお勧《すす》めします。

子どもに言葉で伝えるとき、私たちは長々とたくさんのことを言ってしまいがちです。毎日言っていることなのに、できていなかったりするとなおのことです。「早く明日の学校の準備をしなさい！」「まったく、何回言ったらわかるの！」など、感情的な言葉をたくさん投げかけてしまうこともあるでしょう。

けれども、そうした言葉は、大人にとっては感情のはけ口になりますが、それを言われる子どもにとっては、逆効果であることを理解しましょう。

子どもに対しては、して欲しいことを、短く言いましょう。例えば、明日の学校の準備をして欲しいのであれば、「教科書をそろえる」という、して欲しいことだけを一つずつ、簡潔に伝えます。

また、具体的に伝えるということも大切です。一口に「明日の学校の準備」と言っても、学校の準備にはたくさんの行動が含まれています。時間割どおりの教科書類をそろえる、連絡帳を見る、プール道具や書道の道具などをそろえるということもあるでしょう。また月曜日は洗った上履《ば》きや体操服を持って行くなど、いつもより多くのものが必要になります。

「明日の学校の準備」という一言では、そうした一連の行動は想像しにくいものです。ですから、明日の学校の準備をして欲しいときには、「連絡帳を見てごらん」などと、して欲しいことを具体的に伝えましょう。

穏《おだ》やかに伝える、ということも大切な要素です。内容だけを伝えたいにもかかわらず、怒って伝えると、子どもは、「お母さんが怒っている」というメッセージしか受け取ってくれません。さらに、「今しようと思っていたのに」「どうしていつも僕だけ（私だけ）？」というように、怒りは連鎖してしまいますから、悪循環になってしまいます。

子どもにとって、口で言われたことを覚えておくことや、忘れ物をしない、ということは実は難しいものです。ここでは、家庭でできるより効果的な方法を、4つあげてみたいと思います。

〈ポイント1〉大切なことは、目で見て確かめられるように、紙に書いて貼《は》っておく

言葉は口に出してしまえば、消えてなくなってしまいます。そのときはわかっても、行動しているうちに忘れてしまうことも多いものです。たとえ忘れてしまっても、紙に書いて貼ってあれば、何度でも確認できます。

〈ポイント2〉物はいつも同じ場所に置く

ランドセルは机の横に掛ける、コートはハンガーに、教科書は机の3段目の引き出しに、帽子

は帽子掛けに、などとわかりやすい場所を設定することで、物が迷子になってしまうことも少なくなるでしょう。

〈ポイント3〉前日に準備する

学校に持っていくものの準備は、なるべく前日の眠くならないうちにするようにしましょう。子どもに「やりなさい」と言うだけではなかなか実行できませんから、慣れるまでは、親も一緒に手伝ってあげることが必要です。

〈ポイント4〉持ち物机をつくる

次の日に学校へ持っていく物をまとめて置いておく机を用意してみましょう。こうすることで、準備するときも、何が足りないのか目で見てよくわかります。必要なものを紙に書いてあげて、その前に貼っておけば、子どもが自分でチェックして準備ができるようになります。

Q7 学校
親は宿題をみるべきでしょうか？

昔と違い、今は親が宿題をみなくてはいけない時代と言われますが、本当でしょうか？　一日学校で勉強して疲れて帰るのに、家で私が勉強しなさいとか、宿題をやったかとか言うのはどうかと思うので、私はあまり言いません。子どもが自分でやるまで待つのでは遅いのでしょうか。

A 宿題は生活づくりの練習。やり方だけ教えたら後は手を出さない

回答●汐見稔幸さん

宿題というのはもともと自分でできる範囲として出されています。子どもが自学的にやることを前提にしたものですから、あまり親がガミガミ言ったり、そばについてちゃんとやってるかどうかを監視したりする必要はありません。宿題は学校で勉強したことの復習が基本ですから、全く勉強をしていないことが出されるわけでもない。そういう意味では、宿題は、親が干渉したり見てあげたりする必要はないものだということが一応の前提です。

ただ、まだ子どもが小学校1、2年生で、宿題をやるといってもやり方が全然分かっていない、または要領が悪くて、簡単に済ませられるものを長い時間かけてやる、というようなことがあれ

ば、「そんなことしなくても、こうやってやればいいのよ」とか「それはこうやって解いてもいいのよ」と、アドバイスしてあげることはあってもいいでしょう。あるいは20分なり30分、一定の時間、集中してやらなければいけないというときに、最初は集中できないこともあります。そんなときに「そこで宿題してごらん」と母親が台所仕事をしているそばのテーブルでやらせるなど、宿題の習慣づけのために少し見てあげることは、最初は必要かもしれません。

もう一つは、学校の勉強があまりよくわかっていないから、宿題ができないという場合もありますね。子どももそれを少しつらく感じていたりすると、宿題をやっていかない、学校の勉強ももっと分からなくなる、と悪循環になってしまうこともあります。そういうときには、「宿題あるんでしょ？　分からないとこ見てあげようか？」と聞いてあげたりして、宿題を一つの口実に、子どもが勉強で分かっていないところを見つけて応援してあげる、ということは必要に応じてやってあげればいいのではないでしょうか。

宿題を親が手伝うときに一番多いのは、自分の子どもに期待を高く持ちすぎてしまって、「どうしてこんな問題が分からないの、さっき教えたじゃない！」とだんだん親が短気で、ヒステリックになってしまうことです。それがくり返されると子どもは萎縮《いしゅく》してしまったり、お母さん怖《こわ》い、と思ったりしてだんだん勉強が楽しくなくなってしまうことが多いのです。ときどきヒステリックになるのは親だから仕方がないのですが、あまりひんぱんにやってしまうと、子どもはもう勉強なんかヤダ、となってしまいます。

宿題は、時間をコントロールする練習の一つですから、それぞれの家庭で、夜ご飯を食べる前にやるのか、宿題をやってから遊びに行くのか、とにかく子どもに「いつやるの？」と考えさせることが大事です。遊びもしたい、テレビも見たい、テレビゲームもしたい、宿題もしたい……限られた時間をどう使うのか、それを親からでなく、自分で考える練習をさせているのです。

お小遣いも同じで、与えられたお金の中で使う練習をさせているんですね。そうでなければ欲しがるものはみんな買い与えればいいわけです。将来お金は無限にあるわけではない、お給料がこれだけと決まったらその中でやりくりする、という練習です。

子どもの頃の遊びや練習できちんとした習慣をつけるのは、どれも将来の生活づくりの練習ですから、練習に親が全部出てきて手取り足取りやっていたら練習になりません。だから親はあまり干渉しないほうがいい。ただその結果、宿題を忘れて子どもが先生に叱られたとか、恥ずかしい思いをしたときには、頭ごなしに叱らないで、まあいい経験だな、と思って「これからは宿題ちゃんとやんなきゃだめよ」と一言だけ言って終わりにする。失敗は必ずしも悪いことではなく、いい経験になりますから、厳しく叱る必要はありません。

Q8 学校 教育基本法や教育の変化

教育基本法が改定され、愛国心や道徳などが教育の目標として定められたり、日の丸・君が代の強制など、ここ数年で急に教育の雰囲気が変わってきたように思います。どうしてこのような流れになっているのでしょうか？　そして何が一番の問題なのでしょうか？　親として気をつけておくべきことはありますか？

A 子どもの視点に立って共感する心・姿勢が希薄な日本

回答●尾木直樹さん

２００６年12月に成立した新しい「教育基本法」。２００７年６月に相次いで「成立」した「教員免許法」「学校教育法」「地方教育行政法」。信じ難いことですが、これらはいずれも、「改正法」というよりも「新法」といった方が的確でしょう。なぜなら、現在の主権在民の憲法に、明確に反しているという疑念も表明されているからです。

旧教育基本法では、憲法理念を体現して、「個」を尊重し、一人ひとりの子どもの成長・発達を促そうとしてきました。「国民の教育権」が思想的主柱だったといえます。ところが、今回の新しい教育基本法は、「公」を前面に打ち出し「国家の教育権」へと、法文上でも内容面でも全面転換したのです。これが、前述した疑念の理由です。

これまで、教師の役割は、「法律に定める学校の教員は、全体の奉仕者であって」（第6条）「教育は、不当な支配に服することなく、国民全体に対し直接に責任を負って行われるべきものである。」（第10条）と明記されていました。

ところが、「新・教育基本法」では、「教育は（中略）この法律及び他の法律の定めるところにより行われるべきもの」（第16条）と変更され、教師は文字通り、「法令執行人」に貶《おとし》められました。つまり、目の前の子どもの実態に即した発達保障をになう役割ではないのです。「教育振興基本計画」（第17条）によって、地方行政も現場の教師も、数値目標と成果主義に動かされていくことになるのです。

「愛国心」や「道徳」だけでなく、第2条の「教育の目標」によって、「正義と責任」や「勤労を重んずる」「生命を尊び」「自然を大切」「伝統と文化」など20もの徳目になって、大人好みの「思いのまま」の「態度」をとる子どもを「徳育」を中心に育成しようというのです。

したがって、「学校生活を営む上で必要な規律を重んずるとともに、自ら進んで学習に取り組む意欲を高める」（第6条）のです。厳しい表現をすれば、これはもう、民主主義的な現憲法下にありながらまるで〝クーデター〟でも起きたかのような、晴天の霹靂《へきれき》（突然の変動）に他なりません。ですが、国会で承認されたのですから、機能してしまいます。

ところで、今日の社会における子どもと大人の関係性には、大きな変化が生まれています。例えば、体罰を容認するムードが、日々強くなっていたり、少年法が厳罰化されたり、少年院法では12歳ぐらいから少年院に送致できるように改正されたり、学校においても、ゼロ・トレランスと称した「寛容さゼロ」の機械的処罰主義(「ポイント制」)が大手をふって横行し始めている点などに共通してうかがえます。

さらに、子どもに対してだけでなく、若者に対しても、ニートとかフリーターといえば、本人たちのワガママだとか、自立心が弱いなどと批判されるように、総じて「子ども・青年バッシング」がふき荒れています。これは一体、どうしてでしょうか。

その背景には、他者との関係を学歴や偏差値でとらえたり、「勝ち組」「負け組」と二極化してとらえたりする人間観があるように思います。それと同様に、大人と子どもの関係性を「教え」「学ぶ」関係や、指導「する」「される」といった二極対立の構図でしかとらえられない発想にあるように思います。

つまり、子どもたちを21世紀の同時代を生きる仲間、パートナーとしてとらえる横並びの眼指《まなざ》しがないのです。子どもは、甘やかしてはならない。厳しくしつけなければならない。子どもなんて動物と同じだなどという、暴論とも受けとめられるセリフがテレビの世界や討論会の会場などでも、日常的に飛び交う状況になっているのです。残念なことですが、ここには、人間尊重の精神は感じられません。次代をになうのはまちがいなく子どもたちであり、彼らへの信頼抜きには日本の進歩も、世界との平和的共存もあり得ないのだという認識が見られないのです。

あるのは、大人世代が正しくて、子どもは、われわれの価値や文化・伝統を伝える対象にすぎないという思い上がった考えではないでしょうか。

そう考えてくると、学習の規律や学ぶ意欲まで、〝態度〟として育成しようとする発想や、それらを「教育の目標」として、国家レベルとしてまでも掲《かか》げてしまった未熟さが透《す》けて見えます。このように近年の日本では、子どもや若者への大人の眼指しが厳しくなってきたことを、社会の風潮や国の施策などから感じます。その根底に、弱者や異質なものを抑《おさ》えつけ排除しようという発想があるように思えてなりません。

このような発想が他国や他民族、国際関係の姿勢の根底にまで流れているとすれば、極めて危険です。今後は、異質なもの、立場の弱いものに共感し、パートナーシップの精神で手を携《たずさ》えていくことが求められています。

2章

進学・勉強

悩んでます。あれも、これも

ぴた
はれ?
テスト
かぞえかたを
かきこましょう
とり
いぬ
うま
は
うまは?
うまはなんて
かぞえるんだろう
かっぽ。
かっぽ。
かっぽ。…
馬の数え方?
そんなん
決まってる
じゃないか
ほっ
ほっ
↑父
おず
おず
馬はな
一着
二着と
数えるんだ
尊敬のまなざし

Q9 進学・勉強
経済格差は教育格差？

地元の中学は荒れているという噂《うわさ》があり、子どもも私立受験をしたがります。でもわが家では経済的に受験などとてもできず、子どもにも申し訳ない思いで一杯です。親の学歴や経済力で、本当に子どもの将来の職業、収入が決まってしまう社会ができつつあるのでしょうか。子どもにどう話したらよいでしょうか。

A 知恵をしぼること、声を上げること

回答●尾木直樹さん

ほんとうに子どもに悪いと思われる気持ち、痛いほどわかります。日本ほど、子どもの教育にお金がかかる国も珍しいのです。ヨーロッパ諸国では、基本的に大学教育まで無償です。

総務省の２００６年の家計調査（速報値）によると、総世帯のうち勤労者世帯の年間の実収入は平均で約５７１万円です。一方、私立中学の授業料などの教育費は年間約96万円です。これに学習塾や家庭教師の費用を加えると、少なくとも１１０万円以上にはなります。これでは、平均的な家庭でも私立中学に一人通わせるのがやっと。二人ともなれば、ほとんど無理というもので

す。

文科省の「子どもの学習費調査」(2004年度)でも、中・高6年間の子どもの教育費は、公立の約296万円に比べて、私立では約692万円と、公立の2〜3倍になっています。

ところで、地方では、公立学校不足からやむなく私学を選ばざるを得ない県がほとんどです。そう考えると、この私学の「高学費」は、とんでもない負担を国民に強いていることになります。経済的理由から高校教育さえ断念せざるを得なくなるケースも珍しくなくなっているのです。その証拠に、2004年度の文科省の調査では、高校(公立)における授業料減免率は、全国で8・8%にも上っています。何と高校生の11人に1人の割合です。大阪府は24・1%と4人に1人です。

大学となるとさらに深刻です。初年度諸経費(入学時)には140万円(文系)は必要でしょう。理工系ではさらに高額になることはいうまでもありません。医・歯・薬学部など高すぎて論外です。また、自宅通学なら助かるものの、仮に、地方出身でひとり暮らしのマンション生活ともなれば、東京では家賃だけでも最低7万円はしますから、食費や光熱費、通学定期代など生活費を加算すると月に12万〜13万円は必要でしょう。奨学金も、日本学生支援機構(旧日本育英会)の制度は、貸与制であり、しかも無利子のものだけでなく、有利子の枠《わく》が大きくなっています。有利子分(第2種奨学金)は、年利3%を上限としていますが、原理的には今や〝教育ローン〟と大きな違いはありません。無利子であっても大学4年間借りると、卒業時に百数十万円から数百万円もの借金を背負うことになります。いかに希望通り就職できたとしても、人生のスタートから大変大きな負担を背負った生活が始まることになります。

しかし、厳しい事実だけを詳述《しょうじゅつ》しても、事態が打開できるわけではありません。私たちにできること、できないことを整理し、希望を実現させるために知恵を出して対応せざるを得ません。

知恵の第一は、奨学金制度を貸与方式にし、充実させることです。日本学生支援機構の奨学金は、かつてとは違い〝教育ローン〟化していますので金利までつきますが、月額6万4千円（私立大の自宅外生の場合）は借用できるので、とりあえず支払いの見通しが立ちます。ただし、金利分も含めると卒業と同時に320万円ものローンを背負うことになります。

一方、同じ奨学金でも、大学独自のスカラーシップや企業のものには、金利が付かない返済や、貸与の、つまり返却しなくていいものもあります。社会への旅立ちに際して、ローン付きでは若者に申し訳ないと思いますが、当座を何とかするのには役立つことでしょう。

第二は、アルバイトをするという案です。ただし、これにはリスクを伴います。というのは、アルバイトにのめり込みすぎて、本業がおろそかになり、大学を中退する学生も少なくないからです。むろん、このようなケースが否定されるものではありません。アルバイトを通して、生涯に結びつくキャリアを獲得する学生もいないわけではありませんから。しかし、ついつい大学から足が遠のき、気付いたら退学していたというケースも珍しくありません。

したがって、どんな職種を選ぶのか—つまり、大学とバランスがとれ、学業の大きな妨げにならないようにすることが肝心です。しかし、大学生活を始めたての若者に、そのことを自覚させ、コントロールさせるのはかなり困難であることも確かです。ですから、〝月の収入は5万から8万円以内〟などと、上限を設定するのも一つの方法でしょう。お金は手にすればするほど、ついのめり込んでしまい、予定収入の限度を越えてしまうこともあるので危険です。

第三には、同じ私学でも学費の差はかなり大きいので、自分の志望学部学科を優先させつつも、大学ごとの学費やスカラーシップを十分に比較検討することです。加えて、大学の窓口に相談したり、大学の所在地を自宅から通学可能なエリアにするとか、遠方の場合でも、アパートではなく、県人寮や大学寮などの施設を利用すると、驚くほど安上がりですみます。

次に、一人で抱え込まないで、積極的に声を上げることも大切です。新聞に投稿したり、インターネットを通して発信したりして、このような高学費に対する疑問と反対の声を集めて、世論が形成できれば、少しは事態が変化するかもしれません。まだまだ多くの市民は実態をあまり知りません。事実を前面に出し合いながら、お子さんも含めてもっと社会的な問題として広く考え合っていけるといいですね。

Q10 進学・勉強
ゆとり教育と競争原理

政府の教育再生会議では、「ゆとり教育」が日本の子どもの学力低下を招いたとして、教育にもさらなる競争原理の導入を決めたようです。一方、フィンランドやスウェーデン、デンマーク、オランダなどでは、競争のない、平等で個性を大切にした教育が行われ、子どもたちの成績も優れていると聞きます。日本の教育は今のような競争を煽《あお》る方向に進んで大丈夫なのでしょうか？　そもそも、日本の子どもたちの学力は、本当に低下しているのでしょうか？

A 世界の「学力」観から取り残される日本

回答●尾木直樹さん

「ゆとり教育こそ学力低下の元凶」という社会の批判に押されて、中央教育審議会ではすでに現行の学習指導要領（2002年）の全面的な見直しが検討されました。2006年2月には、「生きる力」から「言葉の力」へ転換するという、次の学習指導要領の原案も発表されたところです。これだけ教育方針が次々と変われば、私たち親の不安が大きくなるのも当たり前です。

ところで、1990年代後半から研究者たちによって本格的に始まった、学力低下論争とその見直し策については、いくつかの基本的な誤解や錯覚があるのです。

第一には、学力とは何かという定義を避《さ》けつづけたことによって生じた誤解です。その結果、学力の複雑な実態を的確に把握せず、社会学的、統計的なデータばかりが「これを見よ」とばかりに力をふるうことになりました。数字を出されたので、だれも反論ができなくなったのです。そのうえ、「選択と集中」(競争させて効率のよいところに集中させる)を基調とする新自由主義に基づく成果主義が、何でも数字で目標を示させる数値至上主義や競争主義原理とシンクロナイズしながら教育界をおおい尽くし、猛威《もうい》をふるう結果になりました。こうして、教育臨床における複雑な側面をすべて削《そ》ぎ落とし、「調査・分析」された単純なデータのみが科学的真実の衣を着て一人歩きしたのです。

21世紀を切り拓《ひら》く力とは、どのような学力をいうのか。また、その力量を形成するためには、子どもたちは学校で何を学ぶべきで、どのようなカリキュラムが必要なのか。こうして、本来はこれまでの「○」や「×」をつけやすい計測可能な「学校知」(学校で身につけた知識・教養)としての学力だけでなく、未来を見すえたじっくり考えるべき「新しい時代の学力」とは何かということを論じる必要があったはずなのです。しかし、そこが空白状態に陥《おちい》ったまま、論争だけが勝手に進んだために、結局は暗記力や記号操作的な理解力、単純な知識や技能を身につけるといったこれまでの古い学力観が復活することになったのです。

しかし、ＰＩＳＡ調査（ＯＥＣＤ経済協力開発機構による生徒の学習到達度調査）のねらいは、日本で受けとめられているこのような古い「学校知」とはまるで異なっています。社会・経済構造のグローバル化が急激に進展した現代の世界にあって、青年がこうした変化にいかに対応できるのかは重要です。したがって、ＯＥＣＤは、こうしたグローバルな時代を生きる一人の地球市民としての人材養成の重要性から、１９８７年以降、ＩＮＥＳ（Indicator of Education System）という教育システムの指標を開発する研究チームを立ち上げました。そして、このＩＮＥＳが教育評価の新たな視点を打ち出したのです。それは、①学力とは認知主義的な知識や技能のみならず、教科横断的力量をいかに育成するのかが重要であり、②非認知的な学習意欲や自己理解、自信などが、生涯にわたって学習しつづける市民的力量の形成につなげる基本である、としています。まさしく、この通りでしょう。

このようにして子どもたちが到達し獲得した学力観は、これまでの「学校知」とは正反対のものであり、むしろ、それを乗り越えたものなのです。その実例としても報告書の日本語版タイトルが『生きるための知識と技能（Knowledge and Skills for Life）』（ぎょうせい）とあることからもわかります。さらに、学力とは「人生をつくり社会に参加する力」だというのです。つまり、単純な詰め込みの暗記型ではなくて、きわめて文脈的であり、包括的・参加型のダイナミックな〝リテラシー〟を「学力」として取り上げ、問題にしているのです。ことばをかえていえば、

「シチズンシップ」の教育であり、子どもを「市民」としていかに育てていくのか、「地球市民」の養成こそが今日の教育の世界的な目的なのです。

このことは、実際にPISA調査の問題文を見れば一目瞭然《りょうぜん》です。文部科学省や全国の自治体が、2006年まで盛んに実施してきた「学力調査」の問題文とは、まるで別物だからです。〝リテラシー〟を新聞各社は「応用力」などと訳しています。しかし、これは的確ではありません。また、「読解力」という訳語もありますが、これも日本で一般的に考えられる読解力とはまったく別物です。PISA調査では、「自らの目標を達成し、自らの知識と可能性を発達させ、効果的に社会に参加するために、書かれたテキストを理解し、利用し、熟考する力」であると明確に定義しています。「科学的リテラシー」も「数学的リテラシー」も同様に、日本で考えられてきた意味や概念とはまったく異なっているのです。

このことにようやく気付いた文科省は、次のPISA調査でトップクラスを占めたいためもあってか、2007年4月24日に実施された全国一斉「学力・学習調査」では、従来型の「知識」の「A」問題に加えて、「活用」編（「B」）と銘打《めいう》ったPISA型のリテラシー問題を作成し子どもに挑戦させようとしたのです。

今後は「活用」型のリテラシーが身につく「生きる学力」の育成に力を注ぐことが大切でしょう。

Q11 進学・勉強
百マス・ドリルは家庭でも必要？

いわゆる百マス計算など、色々なドリルがもてはやされ、学校で毎朝やっているようです。自宅でもやらせるべきなのでしょうか？　もしやるときは、何か気をつけるべき点、親として知っておいたほうがよいことがありますか？

A 百マスやドリルは頭の体操。成果を期待しすぎないで

回答●汐見稔幸さん

百マスやドリルができれば自動的に算数が得意になる、学力が伸びる、というような期待を皆さんされているようですが、それは期待しすぎです。もともと百マスは、みんなで一斉にヨーイドン！　でやって、ある種の緊張感の中で頭を集中させる、知的に興奮させた状態を保つ練習という意味では効果がありますが、学力そのものに直結するかというとそう簡単なものではない。

たとえば本をしっかりと読まなければ学校の力はあまり伸びませんが、百マス計算をたくさんやっても本を読もうという気になるかというとそうはなりません。計算はある程度早くできるようになるかもしれませんが、計算が早くできても、それが社会で役に立つことはほとんどないで

しょう。社会に出たら、むしろじっくり考えることのほうが大事で、すぐに答えを求めて問いと答えの間《ま》を短くしようとしすぎることはかえってマイナスなこともありえます。百マスをたくさんやっても、複雑で発見的な思考を必要とする算数や数学の本当の学力が高くなるということにそう簡単につながらないのです。

百マスは、パズルや迷路を解くのと同じで、頭に緊張状態をつくって頭のコンピューター機能をフル稼働《かどう》させる、頭の体操のようなものです。頭のはたらきをよくするという効果はあるかもしれませんが、それなら義務でやるのではなく、楽しんでやっていたらいつの間にか頭を使っていた、というくらいのゲーム的なものでいいのです。

ですから学校でやっているのであればそんなに家でやる必要はありません。子どもがおもしろがって、「お母さん百マス計算やろう！」と言うのなら、それは乗ってあげて、親子でどっちが早いか競争したり、ということがあってもいいと思いますが。

百マスだけに限らず、「山手線の駅の名前全部言ってみよう！」「全部言えたら今度は全部漢字で書くぞ」とか「今度は中央線でやってみよう」とやっているうちに、延長で日本中やってしまったとか、そういうことでもいい。同じことだと思います。それなら漢字の勉強にも、記憶の練習にもなる。

たとえば車のナンバープレートを見て、「９３５７」と書いてあったら、「この４つの数字の足し算引き算掛け算割り算で10をつくりなさい」とかいう遊びを、僕は車が渋滞するといつも子どもたちとしていました。それも同じで、算数の力を高めようとしているのではなくて、頭の体操なのです。そういう遊びは子どもが小学生くらいのときしか乗ってきませんから、たくさんやったらいいと思います。でもあまり成果を期待しすぎないこと、そして乗ってこないからといってあまりカリカリしないことです。

百マスをやれば学力が伸びるというほど単純な因果関係はありません。ですから、過度な期待はせずに、そういうものだと分かった上で、楽しんでやるくらいがちょうどいいと思います。

参考のために言っておきますと、この百マス計算で有名な陰山英男先生は、以前、兵庫県の朝《あさ》来《ご》町立（現在は朝来市立）山口小学校の教師をしていたとき、この小さな地方の学校からたくさん京大や阪大に入る子が出てきて評判になった人です。ＮＨＫがそれを聞いて陰山先生をとりあげた番組をつくりましたが、そのときスタッフが、大人になったもとの生徒たちに百マス計算の感想をきいたら、誰もそんなことをしたとは覚えていませんでした。それよりも陰山先生の授業がとても面白くて、それで勉強が好きになったと大部分の子が答えたのです。このエピソードは大切なことを示唆しているのではないでしょうか。

Q12 進学・勉強 勉強が嫌いで大丈夫？

うちの子どもは小6ですが、とにかく勉強が嫌いで、成績もよくありません。趣味はマンガを読むこと。でも性格はほがらかで、人を笑わせるのが好きです。私は、そんなわが子が好きですが、中学が心配です。どうしたら勉強好きになってくれて、成績も上がるでしょうか。

A 中学では勉強の仕方を変えてみる

回答●汐見稔幸さん

勉強が嫌い、できない、という子でも、先生の授業のやり方によっては、勉強が好きになり、その結果成績が徐々に伸びていく可能性は十分にあります。小学校の段階では、勉強が嫌いと言っても、算数と国語がよくできないだけで、まだ勉強の面白さに出会っていない、仮面性の勉強嫌い、という可能性もあるのです。

中学校に入って面白い先生に出会って、歴史がすごく面白くなったり、地球環境問題について自分の住む地域を調べてみたら面白いデータがでてきたとか、何かのきっかけで勉強をおもしろい、と感じ始めることはよくあります。ですから、子どもが今まで勉強ができなかったり、好きでなかったとしても、中学に入ったら今までのことはあまり関係なく、もう一度一からやるんだ、という割り切りを親としてもできるといいですね。

そして中学に入学したら、「小学校のときは放っておいたけど、中学では予習・復習もしっかりやろうね」と勉強の仕方についてじっくり話し合うことです。勉強ができなかったり好きになれない子は、勉強の仕方がわからないことが理由であることが多いものです。学校の勉強は、それほど無茶なことをやっているわけではありませんから、勉強の仕方さえ分かれば、できるようになる可能性が十分あります。

そして具体的な勉強方法の一つは、英語や数学など、苦手な科目を中心に予習をすることです。予習復習の習慣をつけることを子どもに要求する、それを親としてやってあげられない場合は、そういうことを教えてくれる塾に行くのも選択肢の一つだと思います。

こういうタイプの子は、かなり遊びこんでいる可能性がありますから、勉強の仕方さえ身に付けば徐々に徐々に上がっていきます。

あまり今から無理をさせず、小学校は小学校と割り切って、中学から別の勉強の仕方を身につければ、心配する必要はないと思いますよ。

Q13 進学・勉強 本好きな子にするには?

子どもを読書好きにさせたい、と考えていますが、無理強いをせずに、子どもが自然に読書を楽しむようになるためには、どうしたらよいでしょう? また、低学年、高学年それぞれの時期でおすすめの本がありましたら教えて下さい。

A 声に出し、音で読む心地よさを伝える

回答●はせくらみゆきさん

子どもが自然に読書を楽しめるようになるには、やはり普段から日常の空間に自然に本がある、という環境を作ることではないでしょうか。本が置いてあると、子どもはおやつを食べたり、遊びの合間などの時間で、なんとなく手にとって読み始めますから、特に私は意識して、今、この子にはこの本を読ませたいな、と思うものを、無造作に、でも子どもがとりやすい位置に何気なく置くようにしています。

我が家では、子どもたちが小さいときから何度も繰《く》り返して、読み聞かせをしてきましたから、その努力の甲斐《かい》もあってか、子どもたちはよく本を読みます。

子どもが本好きになるきっかけとして、読み聞かせやお話など、声に出して伝えることはとても大事なことだと思います。「本を読む」ことと「耳で聞く」ということは全く別の行為です。本を読むのは左脳（論理的思考などを司る脳）的行為ですが、耳で聞くのは、右脳（感性や感情を司る脳）的、いわばハートで聞く行為ですから、「読む」という能動的な行為と平行して、「聞く」という情動で感じる行為も行うと、より子どもの心に言葉が伝わるのだと思います。

聞くことが心地よい、という感覚が子どもの中に生まれたら、人は心地よいほうに気持ちが向くので、その心地よさを知りたくて、おのずと本を読むという行為につながります。お母さんが忙しくてなかなか読み聞かせができなければ、カセットやCDでもいいかもしれませんが、とにかく、言葉が音として耳から入って、心がハッと動かされる、その体験をさせてあげるとよいと思います。

我が家でも子どもが幼児や低学年のときは、食後に電気を消してろうそくを灯《とも》してお話をする、ということを、私自身も楽しんで、よくやっていました。現代の生活はいつも明るい光の中でざわざわしているので、あえて闇《やみ》をつくり、闇の静けさの中で声だけが届く、という体験はとても新鮮でおもしろいものです。三男はその頃まだ小さな赤ちゃんでしたが、暗くしてろうそくのあかりを灯すと、不思議と静かになりました。子ども向けのテレビ番組は、妙に明るすぎたり元気すぎて、何か抵抗を感じていました。子どもたちはあんなふうに、いつもキャーキャー明るく騒いでいるわけではなく、それと同じくらい、帰ってきてむくれたり、泣いたりする時間もあるものですから、もっと心静かに「あー、楽しい、嬉しい」と心から感じられる時間を、普段の生活の中で増やしてあげたらいいと思うのです。子どもたちも心に残っているようで、小学生や中学生になった今でも、いまだに「あの時間は楽しかった」と言っています。

小学生の子が読む本としては、子どもが低学年のときは、夢やファンタジーの世界に連れていってくれるものを多く選んでいました。個人的には、ジュール・ヴェルヌの「十五少年漂流記」などが大好きで彼の作品は全部読んでいました。低学年の間にファンタジーの部分がしっかり満たされてこそ、次の扉が開けるのですから、無理して大人びたものを小さいうちから読ませなくていいと思います。高学年では、人生の達人たちの伝記や歴史など、できるだけ「かっこいい大人」を見せてあげたいと思っています。

でも、親がいくら本好きでも、子どもはその子の個性がありますから、個人差があります。本を読むより体を動かしている方が好きな子もいますから、「本好きにする」ということにあまりとらわれなくていいと思います。体を動かすことが好きな子も、別なかたちで大切な学びの体験を得ているのだと思います。

Q14 進学・勉強
塾の選び方で気をつける点は?

学校の友だちに影響され、「塾に通いたい」と言います。中学受験をするかどうかはまだ決めていませんが、最近は受験のための進学塾だけでなく、補習塾や個別指導塾、家庭教師など多様に選択肢があって、何が本当に子どものためによいのか、どう選べばよいのか、よく分かりません。塾選びの基準、気をつけるべきことなどがあれば教えて下さい。

A まずは自分で学ぶ力を身につける

回答●尾木直樹さん

まず大切なことは、通塾の如何《いかん》を問わず、「一人学習」の力も身につけることです。そこから学習のコツをつかみ、自分の力で「できる力」「わかる力」を身につけることが必要です。

一人で学ぶ力を身につけるということ、塾に頼らないことは、今日のように通塾が当然といったムードの中では大変勇気が必要です。しかし、「一人学習」の力が身につくということは、学習の目的やそのための手段、段取りを考えながら学習する姿勢が習慣づくということで、教科書や参考書の活用法までうまくなります。

塾で学習済みの子と比べると、学校の授業への集中度も全く異なってきます。何でも新鮮ですから、授業中の発見や気づきの喜びも深く、充実感に満ちます。

悪戦苦闘した末に理解できたときには、それらは確実に自分の血肉と化しています。単に機械的・訓練的に「できる」ようになっただけではなく、「わかる」力が身につくのです。

塾を選ぶ際に重要なのは、まず何のために塾に通いたいのかという目的を明確にすることです。志望校に合格するため、総合的に学力を上げたい、自分の弱点科目を克服したい、学校の授業についていける学力をつけたいなど、目的は人によってさまざまでしょう。

次に、その目的を達成するには、どんなタイプの塾が適しているのかを考えます。おおざっぱにいえば、進学目的なら進学塾、個別にていねいに教えてもらいたいなら個別指導塾や家庭教師、と分けられそうですが、現在では集団指導と個別指導を組み合わせるなど、塾の形態も多様になってきています。

また、塾を選ぶ際には、子どもの性格も考慮する必要があるでしょう。例えば、部活動や学級活動などでリーダーシップを発揮するタイプの積極的な子には、一斉授業形式が向いていますし、集団授業ではなかなか質問をしづらく感じるようなタイプの子には、個別指導形式が向いている、などです。

わが子のこれまでの学習生活のあり方や幼児期からの個性、性格を加味して検討するのがいいでしょう。

ところで、塾を利用するときの基本は、「塾に振り回されない」という視点です。例えば、あれもこれもと塾から薦《すす》められるままに、いくつものコースを受講したりしないことです。塾が設定した「コースメニュー」を丸ごと受講するのは、勉強を塾に丸投げするのも同じです。

自主的・主体的に学習生活を組み立てる能力も姿勢も育成できなくなる心配があります。

まず自分自身が何の目的で、どのようにしたいためにその塾でどんな科目をどれ位受講したいのかを明確にし、しっかりと自立した姿勢を持つことが重要ですね。

今日では、相談にのってくれる専門のチューター（個人指導教師）を置いている塾も多いようですし、気楽に相談するのも一つです。

わが子と相談しながら、授業の様子もしっかりと参観して、あわてず最終決定してはいかがでしょうか。

Q15 進学・勉強 公立？ 私立？ 中学進学

中学への進学について、そもそも、公立校と私立校の根本的な違いは何でしょうか？ それぞれ、子どもの将来にどのような影響を与えるのでしょうか？ 一般的な考え方を教えて下さい。

A 人間形成力の公立と競争力の私立

回答●汐見稔幸さん

公立中学の場合、最近では学校選択制もありますけれども、もともと義務教育ですから、生徒の選抜をしていません。どの子にもきちんとしたレベルの教育を受けさせる、という親と社会が担《にな》う義務として存在する学校ですから、公立にはさまざまなタイプの子どもが来ます。一つのクラスの中に、勉強ができる子もいれば、勉強なんてイヤだという子もいる、性格も、親の経済力もいろいろな背景から生徒が集まりますから、社会の多様な問題が全部学校に入り込んでくるのが公立だと思います。

少しつっぱってる子どもがいても、それは家庭が崩壊しているとか、両親が離婚協議中だとか、体罰ばかりで育てられたとか、つらい背景を背負っている子どもたちだったりするのです。その中で真剣に生活をしていると「あいつ、つっぱってるけど本当はいいやつなんだ」とか「ケンカしたけど、その後じっくり話しを聞いたら、あいつかわいそうなんだよな」「オレ、あいつの味方になってやりたいよ」というレベルで友達になっていけると、「自分は恵まれてないと思っていたけど、もっといっぱいいろんなやついるんだなっていうのが分かった」というように、人間としての幅を広げてくれる可能性がより大きいのが公立です。

また、同じような地域で暮らしているので、学校が終わった後や土・日曜日などにも遊びやすく、友達関係をつくりやすいし、親同士のつきあいもしやすいですから、公立にしかない人間形成力があると考えてよいと思います。

それに対して私立は子どもたちを選抜して、ある一定条件を満たす子どもだけを集めていますから、公立に比べて子どものタイプや背景がより均質的になりがちです。逆にいうと、似たようなタイプ同士が揃っているので競争しやすい環境があり、お互いに切磋琢磨《せっさたくま》させて、受験校にするとか、何か特殊な分野に特化した学校にしやすいのです。ある面で教育効果を高めるという意味では私立のほうが効率が高いでしょう。

ただし私立の場合は生徒が住んでいる地域がバラバラですから、放課後に友だちと過ごしにくく、遊びに行くとなっても繁華街で遊ぶしかないので意外と不便ですし、お金がかかります。親同士も、生活基盤・地域が必ずしも似ているわけではないので共通の話題が持ちにくく、受験の情報交換をしあうようなつながりになりがちです。

勉強についていえば、公立では、例えばグループ分けの授業にして、できる子はできない子に教えてあげるなどの工夫がしばしばなされますが、私立ではもともと個人間の競争をしやすい環境づくりが重視されることが多いと言えます。

公立の学校では学力で遅れをとるのではないか、という心配もあるようです。確かに受験勉強の効率性を高めるという意味では私立のほうが有利かもしれませんが、公立でも塾に通いながら受験勉強をする子はいますし、それは本人の自覚次第だと思います。今は、東大に合格する子も公立高校出身者の割合が少しですが増えています。東京や大阪など、私立校がたくさんあって受験勉強に特化したところからの生徒がもちろん多いのですが、そういう子たちが公立よりも多様で豊かな体験をしているかというと、そうとも限らないのです。多様な人間の中で人間形成をさせたいという場合、公立には公立にしかないよさがあると考えるべきでしょう。

現実には、私立も公立も一長一短で学校によっても違いますので、身近にどのような公立校、私立校があるかをご自身でよく調べて選択されるのがよいでしょう。

Q16 学校選択制の受け止め方は?

進学・勉強

2000年、東京都品川区での導入を皮切りに、公立でも学区にとらわれず自由に中学を選べる学校選択制が各地で広まっているようです。学校の教育理念や特色が多様に打ち出されるのはよいことだとも思いますが、各学校が生徒を集めるために競い合って、校内にも競争の雰囲気が蔓延《まんえん》したり、そのために先生たちの教育へのエネルギーが削《そ》がれてしまうことを危惧《きぐ》します。これからは学校選択制が主流になるのでしょうか? この制度をどう受け止めたらよいのでしょう? 親としての心構えなどがありましたら教えて下さい。

A 学校は商品ではない。親と学校は「共同経営者」

回答●尾木直樹さん

東京では23区中、19もの区がこの学校選択制を導入しており、いま、矛盾が激化しています。ひどい場合には、入学者ゼロといった学校さえあります。

小規模校であればあるほど、廃校の危機に瀕《ひん》します。むろん、小規模校ならではの長所があることは言うまでもありません。全員の名前と顔を、先生も児童同士も覚えることができ、みんなが仲良くなれるからです。勉強も、少人数でじっくり取り組めます。

しかし、廃校への不安は、子どもや親を落ち着かない気分にさせてしまいます。

では、反対に人気校は恵まれているでしょうか。

実は、生徒数が多すぎて、雨など降ろうものならクラブ活動を行う場所が足りないのです。生徒が問題を起こした場合など、緊急に家庭訪問しようにも、あまりにも遠隔地から通っているために、先生が地理的な見当もつかなくて結局断念せざるを得なかったといいます。あるときの一番の人気校は、区内30もの小学校から集まったというのですから大変です。

もちろん現在では、上限を決めた抽選制を採用しています。

しかし、抽選で当たった子は喜びを得ることができるものの、もれた子はどうでしょう。失意のまま最寄りの学校に進みます。希望に燃えるはずの入学式の朝からうなだれているのです。これらの子は、小さな困難に直面しても、すべて抽選にもれたせいにして、自分でそこから脱出しようとするパワーに欠けるといいます。元気にさせるのに秋口までは要すると、教師たちは嘆《なげ》きます。

学校は商品ではありません。〝親と子は消費者で、学校はサービスの提供者〟などという対立関係でもありません。保護者と学校は、子どもを真ん中にはさんで共に助け合いながら子育てする、〝共同経営者〟の関係なのです。

2007年7月には、足立区では、少しでもよい生徒を集めるために、区内の一斉学力テストで学校ぐるみで不正をしていた事実が明るみに出ました。順位がホームページで全部公開されるため、少しでも上位を目指そうとしたからです。このように一斉テストと学校選択制、予算の傾斜配分政策が連動すると、大きな歪《ゆが》みを生みます。国や自治体の最も重要な役割は、どの子どもも、どの学校も、自分の学校に誇りを持てるように支援することではないでしょうか。

全国にある約3万の公立の小・中学校は、単に子どもたちのためのものだけでなく、地域における文化財であると共に、公共財でもあるのです。学校は、子育てと教育、文化の地域共同センターです。緊急時には、避難場所ともなり、住民の安全と命を守る救命センターの役割もになります。

いかに、地元の小・中学校が荒れていたとしても、だからこそ地域をあげて、教職員と共同し、子どもたちの〝誇れる砦《とりで》〟に変えなければならないのです。それこそが、「学校づくり」というものです。

学校の内部だけで学力競争をさせ、それを地域住民が評価して学校を自由に競わせ、自然淘汰《とうた》させるのは、自らの首を締めるようなものです。何とか早く、地域と一体となって、すべての学校が生き生きよみがえるようにしたいものですね。

Q17 私立校の選び方

進学・勉強

親子で話し合い、いろいろ悩んだ結果、私立受験を決めました。その際の学校選びの基準として、何か知っておいてほうがよいことはありますか？　中高一貫、中高大一貫などのほうがやはり子どもの将来にとってよいのでしょうか？　女子校・男子校、共学などの違いについてはどう考えればよいのでしょうか？

A 偏差値ではなく自分に合った学校を見抜く力をつけて

回答●尾木直樹さん

私立受験に際しては、注意しなければならないことがいくつかあります。

その第一番目は、学校選びの基準を偏差値だけに頼らないということです。わが子の偏差値と私立学校のそれとを突き合わせて、第1志望から第3志望までを機械的に決める親子をたくさん見かけますが、6年間をたくす学校を、入学時の学力偏差値の数字だけで決めるのは寂しいです。

といいますのも、学校生活の中心は学業には違いないのですが、中学生・高校生の大切な思春期の6年間を、どんな雰囲気の中で、どのような先生方に囲まれ、どのような友達や上級生との交わりの中で過ごせるのかということは、その後の人生を決定づけるほど大きな影響力を持っているからです。大学への合格実績が気になるのもわかりますが、それがすべてではありません。勉強も学校生活も満喫《まんきつ》した上での大学への進学なのか、それとも予備校通いのハシゴで勉強づめの結果としての大学進学なのか―その過程の違いは、人生において非常に大きなものになります。大学合格は終点ではなく、長い人生のキャリアの中の、ほんの一通過点でしかありません。大切なことは、大学でいかに伸びるか―さらに社会人としてどのように活躍し、自分の人生を自己実現するのか。そのための、土台となる教養やスキルをいかに身につけるのかが大切なのです。

そう考えますと、あわてる必要はありません。世間体《せけんてい》や偏差値ランクのみにとらわれるのはやめて、中高一貫校にしろ、中高大一貫にしろ、また男女別学か共学かを問わず、教育理念と具体的な実践内容をじっくり検討することです。学園祭や、学校見学にも必ず足を運び、ご近所の商店などでの評判なども聞いてみることです。何よりも、その学校の生徒に感想をたずねることです。それらの内容はもちろんのこと、受ける印象が大切です。自分やわが子に合っているかどうか3、4校訪問すると目が肥え、比較し、見抜く力がついてきます。このように、まず行動することで基準が養われます。どうぞ、外に出て動いて下さい。志望校への強い希望や期待が生まれると、受験への意欲も湧《わ》き、学習の動機づけになるでしょう。

3章

親子・夫婦

不安と迷い

Q18 親子・夫婦

共働きの子育てで気をつけることは？

共働きで帰りが7時を回り、それから夕食の支度、洗濯、お風呂と続き、子どもとゆっくり向き合う時間がなかなかとれません。勉強も見てあげたいし、もっと接してあげたいけれど9時には寝かせたいので難しい。子どもに申し訳ないし、自分も体がクタクタで仕事をやめようかとも考えるのですが、わが家の生活のことを考えるとやめられない…。一緒に過ごせる時間が限られていても、親として「これだけはおさえておきたい」というポイントがあれば教えて下さい。

A 大切なのは仕事をするお母さんがイキイキしていること

回答●汐見稔幸さん

子どもは適応能力が高いですから、共働きでも「うちはこういう家庭だ」と子どもが納得して思えればそれに適応してくれるものです。寝かせる時間も、小学校高学年になれば夜10時くらいまで起きていてもいいでしょうし、もしまだ低学年であれば、早く寝かせる代わりに朝早く起きて、朝、少し一緒に散歩する、家族で会話する時間を必ず一日一回つくるなど、一緒の時間の過ごし方は、工夫次第でいろいろあると思います。

それと共働き家庭では、「お母さん、今大変だからちょっとこれだけやっといてくれる?」と、子どもに家庭の仕事の一部を分担してもらうことも必要なことです。そして、それを当たり前のことのようにさせるのではなく、頼んだことを子どもがやってくれたら「いつも手伝ってくれてありがとう」と感謝することが大事ですね。

昔はそんなことは当たり前でしたが、今の社会では必ずしもそうでもないので、その辺のバランスを考えて、「いつもありがとう、助かるわ」などというコミュニケーションが大切ですね。

それからお母さんが忙しくしているのはなぜなのか、子どもにはよくわかりません。ですからたまに、「お母さん、いつも忙しくてごめんね。でもお母さん今、こんな大事なお仕事してるんだよ」とか、「お母さんこの仕事が大好きなんだよ」と、なぜ自分がそんなに忙しくしているかを、押し付けがましくではなく、さりげなく伝えることも必要です。

そして、共働き家庭で何よりも大事なことは、お母さんが一所懸命働いていることでイキイキしていることです。

時々疲れて短気になったりしても、いやいや仕事をしているのではなくて、仕事が生き甲斐であることが毎日の様子から子どもにも伝わることが大事なのです。子どもが「お母さんを手伝ってあげなくちゃ」という気持ちになるかどうかは、そこだと思います。

「私だって疲れてるのに、何であんた手伝ってくれないのよ」などとストレスやイライラを子どもにぶつけるのは、一番よくないことです。子どもとしては「だったらやめればいいじゃない」となってしまうし、「やめられるくらいだったら苦労しないわよ。あんた、お金がどこからくると思ってんのよ！」なんて言われたら、子どもは感情の持って行き場がなくなりますね。

ですから逆に、「いつもやってくれてありがとう」とか「お願いだからこれだけやってくれる？」という心の通い合う会話をお互いにきちんとしていれば、共働きであること、一緒に過ごす時間が少ないことで、子どもの育ちにマイナスの影響を与えることはありません。

子どもは一所懸命親を支えようとするものですし、その気持ちが子どもを育てます。短い時間だけど心が通い合ってるな、という感覚は、場合によっては専業主婦のお母さんの家庭よりも強く持ち得ると思いますよ。

Q19 親子・夫婦 離婚したいが、すべきか否か？

まだ子どもが小学2年と保育園児ですが、夫とうまくいきません。離婚を考えていますが、生活のことと子どものことを思うと、今、離婚に踏み切るべきか、とても悩みます。ケンカばかりするなら別れたほうが子どもにとっても幸せかと思うのですが、子どもはやはり傷つくのでしょうか？子どもの前だけの仮面夫婦でも、一緒にいたほうが子どものためにはよいのでしょうか？

A シュミレーションで悩みの原因をはっきりさせる

回答●内田良子さん

離婚前は夫との人間関係で悩み、離婚後の生活に関しては経済的な問題で苦労するのが現実です。まだ迷っているのでしたら、離婚に踏み切る前に、別れた後の経済的な基盤について一度シュミレーションしてみてはいかがですか。

子どもと3人でどこに住むのか、養育権や親権はとれるのか、持続可能な仕事を始められる環境があるか、下のお子さんが小学校にあがったら学童保育の環境がどうなのかなど、一度ご自身の中で具体的にイメージを描いてみることです。そしてまず経済的にしっかり自活できる準備をされることが優先ではないでしょうか。

具体的にシュミレーションしていくと、今、夫と何が上手くいってないかも明確になり、感情的な一時的なことであればお互いの不十分な点を回復しあえばいいことに気づきます。くり返されるケンカの原因を冷静にふり返るきっかけになります。やはり離婚は決定的なものだと確認できれば、迷いも整理されることでしょう。

その際に、子どものために一緒にいたほうがよいか悪いか、をメインテーマにするのではなく、あなた自身のためにどうしても続けられない結婚なのか、そこをきちんと検証されることです。

離婚は今の関係が耐え難いから悩む問題であって、結婚をしたのも別れるのもまずは二人の問題、あなたと彼の問題です。自分自身の生き方としてこの結婚生活を続けていけない、と思うのであれば、その立ち位置はずらさないほうがいいでしょう。

その上で迷いが残るときは別居をおすすめします。夫との生活に距離を置くことで、お互いに冷静になると共に離婚によって失うものと得るものが、現実の生活を通してみえてきます。

その確信を持った上で離婚を選び、子どもを引き取るということであれば、それは子どもにとって別な形の、新たな安定につながることですから、必ずしもマイナスとは言えず、むしろプラスになることも多いと思います。

子どものために別れない、というお話しをよく聞きますが、「あなたのために我慢してるんだから、あなたもしっかりしてよね」というようにいつの間にか、母親が子どもの犠牲になっているような錯覚を抱いてしまう場合があります。

その上、子どもにお門違いながんばりや我慢を要求してしまうことになったりします。それは筋《すじ》が違うと思うのです。

別れても経済的にやっていけるのか、シングルマザーとして社会的な場で前面に出て子どもの保護者としての役割を一人で引き受けていけるか、ということこそが問題です。

養育費を正当な権利としてきちんと要求したり、面と向かっての話し合いで感情的にこじれたりする場合は、さまざまな法的支援を活用したり、家庭裁判所や法的な相談機関に相談するなど、現実とぶつかりながら、ご自身で一つひとつ解決していくと、皆さん本当に社会人としてしっかり自立されます。

お母さんが、自分の人生を、このようにしっかり地に足をつけて生きていく姿を見せることが、むしろ子どものためにも大切なのではないかと思います。

Q20 シングルマザーの心得は？

親子・夫婦

子どもが小学校になり離婚をし、女手ひとつで育てて行くことになりましたが、不安があります。母子家庭でも優しく、正しく、たくましく育てていくために、何に注意してあげればよいでしょうか。

A 先を歩く先輩たちを身近に見つけてみること

回答●内田良子さん

今の日本社会では、離婚してどちらかの親のもとで育つということは珍しいことではなくなっています。でも親御さんの中には、まだ特別なことと思われる方が多く、そのため子どもに負い目を持っている方が多いのですね。イギリスやアメリカでは、二組に一組の親は離婚しているくらいの割合ですが、日本もそれに近づきつつあります。ですから、今日的な社会では、よくある選択だと、ご自身の状況を客観的にまず知ることです。

シングルマザーとして子どもを育てていくのに不安を感じる、ということですが、身近な人間関係を作れるところで、同じような選択をされた方たちと出会われるとよいですね。子どもが学校生活でどのようなことで傷つけられたり差別されたりするのか、子どもさんが抱える悩みや、さまざまな問題をどう解決してきたかなど、先を行く人々の貴重な経験から学ぶことができるネットワークや人間関係を持たれると気持ちが楽になります。

学童保育や保育園ではシングル・ペアレントも結構多く、半分の子がシングル・ペアレントだった、というところもあります。まずは小さな集まりでいいですから、シングル・マザーの会、シングル・ファザーの会を呼びかけてみてはいかがでしょうか。学童クラブ、保育園の父母会、ＰＴＡでもいいですね。

そのような人間関係の中で、励まされたり、自分の中にある誤解や偏見に気付いたり、参考になる経験に出会えます。助け合える友達とも出会えると思うんですね。

それから、「優しく、正しく、たくましく」と、おっしゃっていますが、あまり目標を高く掲《かか》げると、よい子を生きる子どもは苦しくなってしまうので、「温かく、仲良く、気持ちよく」くらいが良いと思いますよ。あまり「優しく正しく、たくましく」と、求めすぎしまうと、結果、子どもに厳しくなるのです。そのため、子どもとの心理的距離ができてしまって子どもが傷ついたり、弱ったりしているときに、「助けて」とお母さんに言えなくなってしまうんですね。ですから、「女手ひとつだから」と気を張らずに、温かく、仲良く、気持ちよく、くらいの気持ちで楽しく生活するのがいいのではないでしょうか。

Q21 親子・夫婦
夫と教育上の考えが違う

子どもの教育について、私（妻）は公立で、地域のいろんな家庭背景を持つ子どもたちに囲まれて育って欲しいと思っているのですが、夫は中高一貫の有名私立受験をさせたがり、意見が折り合わずにいつもケンカになり、悩んでいます。何を基準に判断すればよいのでしょうか？　また、小学生の子育ての中で、勉強、しつけなど、父親と母親の役割にどう違いがあるのでしょうか？

A 大人の「良かれ」で決めないで
回答●内田良子さん

このお悩みの答えははっきりしています。まずは子どもさんがどうしたいか、です。夫婦の意見が違うのはよくあることで、どちらが正しい、と白黒をつけるような論争は夫婦ゲンカにしかなりません。まずは、子どもさんが今、何をしたいのか、大きくなったら何になりたいかを聴いてください。子どもが本当はスポーツをやりたかったのに受験勉強をさせ、一流の進学校にやっとの思いで合格したのはいいけれど、やっぱり学校が合わないと言って不登校になってしまった、などという話しをよく聞きます。

受験というのは、中学からでも高校からでも、本人の中で、「がんばってでもここに入りたい」と思う気持ちが芽生えればそれからでも遅くないのです。小学校の受験は、9割方が親の意向に子どもを当てはめているもので、「あれは子どものためではなかった」と振り返っておっしゃる方も多いのですよ。

小学生の子どもでも、何も考えていないかというと、決してそうではなくて、意見を聞かれれば、そして意見を言うことが尊重されるという前提があれば、とてもしっかりと自分の考えを言ってくれるものです。子どもの夢や希望、持ち味、資質がそれぞれあると思いますから、それをきちんとみて、夢や意見を聞いてあげて欲しいですね。

親の意見ではなく、子どもが自分の人生の主人公として育ち、生活していくことを前提にして、この子にとって何が必要なのか、この子が生きていく社会が子どもに約束してくれるものは何かを考える。その上で意見交換ができれば、自ずと問題は整理されてくると思います。

子どもの教育となると、お母さんかお父さんか、どちらが主導権を握るか、ということになりやすいのですが、それは子どもを自分の思うように操作できる対象のように考えている結果であって、筋《すじ》が違うと思います。年齢は幼くても、子どもは自分自身の人生を大切に思って生きている存在ですので、子ども扱いしないで、一人の人間として接して欲しいですね。

ただ、今の時代は、受験をする子が増えていますから、塾に行かないと友達に会えないということもあって「○○ちゃんの行ってる塾に行きたい」と塾に行きたがる、受験したがる、という例も結構多いのです。

でもそのときに「あ、そうなの。じゃあ行きなさい」とすぐに決めないで、塾に行って本当はどんな生活をするのか、受験してどんな学校に行きたいのか、と子どもと共に見学し話しあうことが大切です。それと、子どもは本当はBという学校に行きたかったのだけど、塾の先生も親も、「この子は難関のAに行けるから」とA校に入れたところ、入学後すぐに「私の行きたかった学校ではなかった」、といって学校に行かなくなったという話もよく聞きます。

友達と学園生活や部活が一緒にできるほうがいい、それが本人にとって一番楽しいことであれば、今の時間を精一杯生きている子どもの思いを潰《つぶ》すと将来に禍根《かこん》を残すことになります。

例えばB校が進学校ではなくて大学進学のための学力保証が難しいのであれば、受験の勉強は塾に行ってするなど、いくらでも調整のしようがあることが多いのです。自分で選んでいれば子どももある程度結果を引き受けます。子どもの願いや考えを聴いて親は子どもの相談相手になって欲しいのです。大人のよかれは子どもによかれではなかった、ということは、後で臍《ほぞ》をかんだ親御さんたちの話しを聴いていて、私がお伝えできることです。

Q22 親子・夫婦 夫の父母と同居で考えが違う

くだらないテレビを見せる、プラスチックのおもちゃを買ってくる、タバコを子どもの前で吸う、食事やしつけのことなど、3世代で同居している夫の父母と考え方があわずにギクシャクした思いをしています。どう接したらよいのでしょうか。夫は、親の言うことを聞いた方が平和になると言うのですが。

A わかりやすく、客観的に、身近な例を挙《あ》げて伝えてみては？

回答●大村祐子さん

勿論《もちろん》、あなたは常日頃あなたのお考えをご両親にお伝えしているのですね。それでも分かっていただけなくて、困っていらっしゃるのですねえ。また、あなたもご両親のお考えを理解することがむずかしいと感じているのですね。

わたしもかつて夫の家族と同居していたことがありました。さまざまなことで考えが異なり、とても苦労したことを思い出します。けれど今振り返ると、わたしより両親の方がずっと辛かったろうなあと思うのです。わたしの倍以上の時間を生きて来、自らの考え方、生き方、そして暮らし方をしっかり築いていた彼らにとって、わたしの考え方や暮らし方を理解し、それに合わせることは、わたしよりもっともっと難しく感じていたにちがいありません。それなのに、ずいぶん我慢して譲《ゆず》ってくれていたのだなあ…と、62歳になった今、ようやく思い至るのです。

さて、この問題を解決するために具体的にどうしたら良いでしょうか…。一つひとつご一緒に考えていきましょう。

あなたが直面している問題を見ていると、あなたには三つの選択肢が与えられていると思われます。一つは〈あなたの考えを主張し絶対に譲らない。子どもはあなたの考えで教育する〉という方法…ご両親はご自分たちの考えと暮らし方のすべてを否定されたように感じて、悲しく、つらく感じることでしょうね。そしてご主人とお子さんはあなた方の間に立って、もっと苦しむことと思います。二つ目は〈あなたとは異なるご両親の考えや暮らし方に、あなたが従う〉ということ…あなたがいつもいつもフラストレーションを抱えて暮らすようになることは目に見えていますね。三つ目は〈十分に話し合い、双方が譲《ゆず》り合う〉ということ…とても常識的な答えですが、この方法だけがみんなを幸せにしてくれるのではないかと思うのですが、あなたはどうお考えですか。

ではそのために個々の問題をどのように考え、どのように譲り合うことができるか、ご一緒に考えてみましょう。

まず、テレビのこと…お子さんの年齢が分かりませんが、もし7歳未満でしたらテレビは見せない方がよいと思います。それでも、おじいちゃんとおばあちゃんと一緒に楽しめる番組を、たまにみんなで選んで見るくらいのことは大目に見たらいかがでしょう。

「テレビを見過ぎると目に良くないので、少しだけにしたいんです」とお話しするのも良いでしょうね。本当は目に良くないだけではないのですが…幼い頃に育つ意志と身体の問題、また、12感覚のうちの下位感覚の成長の問題…あなたはご存知ですね。でも、「12の感覚」など、普通の生活をされている殆《ほとん》どの方はお聞きになったことがありませんものね。人はあまり訳の分からないことを言われると、腹が立つものです。わたしは知らないこと、分からないことを聞かされるとむっとするんですよ。悪い癖《くせ》だとは思っているのですが、なかなか直りません。あなたはどうですか？

ですからテレビに限らず、どんなことでもご両親が理解できる範囲で話されたら良いと思います。それから身近な例をあげて話すことも、分かっていただけるコツの一つですね。たとえば、知り合いの姪《めい》の洋子ちゃんが、テレビを見過ぎたために視力が衰えて困っているとか…。

また、食事時にテレビを見るという習慣があるようでしたら、「せっかくみんなが一緒にいられる時間なのですから、おじいちゃんやおばあちゃんのお話しも伺《うかが》いたいし、子どもの話しも一緒に聞きましょうよ。わたしも聞いてもらいたいことがたくさんあるんです！」と提案するのはどうでしょうか。毎日、みんなからどんな話しを引き出そうかと、ワクワクしながら考えるのも楽しみですね。

さて、次はおもちゃですね。「これを子どもにあげたいわ」とあなたが目を付けておいたものを、ご両親にあらかじめ伝えておくのはいかかですか。誕生日にはこれ、クリスマスにはこれ、というように、大人が集まって子どもたちに渡すプレゼントの年間計画を立てるのも楽しいことでしょう。それから…たまに、ご両親がお出かけになってお子さんたちにおみやげを手渡すのは大目に見てあげてくださいな。ご両親も子どもたちもきっとそれを楽しみにしていると思いますよ。

タバコに関しては、煙が健康の害になるということを、データを示して真剣に伝えたら良いと思います。そして、タバコを吸う部屋を決めておいて、その部屋以外では絶対吸わないということを約束していただいたらどうでしょうか。子どもにとってたばこの煙が非常に良くないということを、真剣に話して是非、理解していただいてください。

食事のマナーと躾《しつけ》についてはお互いの考えを十分に伝え合い、人間として「これだけは」ということを決めましょう。

あなたにご質問をいただき、わたしが考えたことを簡単に記しますね。

1　子どものことに関しては、子どもがいないとき、いないところで話し合いましょう。

2　ご両親にとって理解しずらいと思われることはご両親が信頼し、尊敬している方に話してもらいましょう。
3　客観的な考えやデータを示して、単にあなたの好みや考えではないということを分かっていただきましょう。
4　常にユーモアをもって対応しましょう。

少しでもあなたの助けになればよいのですが。けれど、もっとも大事なことは、あなたとご両親が仲良くすること、ですね！　仲良くしていたら、理解し合い、許し合い、認め合うことはそれほど難しいことではないのですから…。「そんなことはとっく分かっているのよ。それができないから悩んでいるんじゃない！」…そんな声が聞こえてきそうです。そうですよねえ、分かっていてできないから悩んでいらっしゃるのですよね。

わたしにとっても大変難しいことでした。けれどわたしはいつも自分に言い聞かせていたのです。「わたしが心から愛している夫が自分の両親と定めた人たちなのだもの…わたしも彼らを愛し、尊敬することができるようになるはずだわ」と。…ただただ、そう信じ、願い、祈っていました。「それで…そうできたんですか？」…ええ、わたし以上に両親がとても努力してくれたおかげで！　ありがたいことです。二人とももう亡くなってしまいました。

Q23 親子・夫婦

親の自分が不安定

私自身、自分の考え方や生き方に自信がなく情緒不安定な傾向があり、子どもが同じことをしても、やさしくできるときと、つらくあたってしまうときとムラがあったりして、自分の子どもに対する態度を思うと余計に自己嫌悪に陥《おちい》ります。こんな親に育てられる子どもをかわいそうに思ってしまうのですが…。

A すべての悩み、迷いは克服するために

回答●大村祐子さん

あなたのお子さんは、あなたを自分の親として相応《ふさわ》しいと考えてあなたの許《もと》に生まれて来たのですよ。たとえあなたが自信をもっていなくとも、情緒不安定であっても、気分にムラがあったとしても、それをすべて分かっていて、あなたの許にあなたの子として生まれて来たのです。人はだれでも目的を持ってこの世に生まれてきます。この時代に、この文化を持つこの国に、この町に、そしてこの家庭にあなたとご主人の子どもとして…あなたのお子さんは、自分が果たそうと決めたことを果たすために、もっとも相応しい条件を選んで生まれて来たのです。あなたが自

信を持って生きることができるようになるために生まれて来たのかもしれません。あるいは、あなたの自信のなさを受け継ぎ、それを克服することを課題として生まれてきたのかも知れません。あるいは情緒不安定な特質をあなたから受け継ぎ、同じ困難を抱えている人たちと助け合いながら生きることを目的として生まれて来たのかもしれません。

ご自分の在り方を顧《かえり》み、自己嫌悪に陥《おちい》る気持ちはよく分かります。わたしも以前はそうでしたから…。今は？…以前より自己嫌悪に陥ることは少なくなりました。どうやって克服したのでしょうねえ。ある日わたしはひどい自己嫌悪に陥り、自分が嫌でいやでたまりませんでした。死んでしまいたいと思いました。けれど、次ぎの瞬間にふっと気が付いたのです。「これがわたしの真の姿なのだ。それなら仕方がないじゃない。自己嫌悪に陥るのは―こんなはずじゃない。わたしはもっと良い人間なのに―と自惚《うぬぼ》れているからじゃないのかしら？」と。

そして、分かったのです。わたしはこのわたしの特質を克服するためにこそ、こういう人間として生まれて来たのだと。

あなたも今、ご自分のことが分かったのですねえ。良かったですね。分からなければいつまでも、生まれる前にあなたが決めてきた、あなたご自身の人生の課題を果たすことができなかったのですから。お子さんと共に、それぞれの人生の課題を果たされますよう、心から祈っています。

Q24 親子・夫婦
子どもを愛せない

娘が自分ととてもよく似ていて、行動パターンや、自分のいやな部分まで似ているのを見て、ついイライラしてしまい、子どものことをかわいいと思えないのです。息子はまったくタイプが違うので問題ないのですが、どうしても息子と同じ態度で接することができず、娘にも申し訳ないし、自分自身も分かっているだけにつらいのです。

A ご自分自身を受け入れ、愛することから…

回答●大村祐子さん

編集担当者があなたの問いをわたしに送ってきたのは、かつてわたしも自分の子どもを愛せない母親であったことを知っているからなのだと思います。けれど、あなたの場合はかつてのわたしほど深刻ではないと思いますよ。なぜなら、あなたはご自分がお子さんを愛せないことを自覚していらっしゃるのですから…。わたしは息子を愛していると思い込んでいましたもの…。

わたしはどんな母親でも、自分が産んだ子どもを愛していると信じていました。ましてや、わたしが自分の子どもを愛していないなど、思いもよりませんでした。ですから、わたしは息子を愛していると心の底から信じていたのです。けれど、今考えると…わたしは彼がわたしの思い通りに振る舞い、わたしが望むように話し、わたしの言いつけを守るときには、わたしは彼を「可愛い子」「良い子」「素晴らしい子」と心から賞賛していました。ところが、彼がわたしとは異なる彼自身の言い分を通そうとしたり、彼の思い通りに行為したり、彼の考えを正しいと主張するとき、わたしは彼を「悪い子」「憎らしい子」「厭《いや》な子」と感じていたのです。

もし、わたしが心底彼を愛していたら、彼がどんな振る舞いをしても、どんなことを口にしても、どんなにわたしに背《そむ》いても、わたしは彼を「可愛い」と思いつづけることができたでしょう。憎むことなどなかったに違いありません。けれど、わたしはそうではありませんでした。

以前に、小著にも書いたことがありますが…長男が5歳のことでした。わたしと彼は電車の中で夕日を見ていました。二人とも燃えるような夕空の中に真っ黒なシルエットとして浮かび上がる山並みに、すっかり心を奪われていました。そして幸せでした。けれど次ぎの瞬間にわたしは、窓に向かって身体をよぎっている彼の靴が、つり革につかまっている人の服を汚してしまうのではないか、という心配に捕われたのです。そして、わたしはそれを彼に伝え、前を向いて座るように注意しようとしました。

彼の瞳《ひとみ》に、真っ赤な夕日と山のシルエットが映っていました。彼の頬《ほお》は夕日に映って輝いていました。美しいものに出会った歓《よろこ》びが、彼の命をいきいきと輝かせていました。わたしは頭を撃《う》たれたように感じました。わたしは何と酷《ひど》いことをしようとしているのだ！　彼がこれほど幸せで、これほど歓《よろこ》んでいるのに…わたしはそれを奪おうとしていた。人に迷惑をかけない行儀《ぎょうぎ》の良い子どもと思われたいために、そして子どもの躾《しつけ》がよくできている素晴らしい母親だと思われたいために…。

わたしは初めて分かったのです。わたしは息子を愛していないということが…。わたしは泣きました。苦しくて、哀しくて、つらくて泣きました。それはひどい衝撃でした。わたしは息子を愛していると信じていましたから。そして息子を愛している良い母親だと思い込んでいましたから。自分の子どもを愛していない親なんていないと思っていましたから。そんな親がいたとしたら酷い親だ、親になる資格がない、と言って蔑《さげす》んでいましたから。

自分がひどく蔑んでいた者であったと知ったことは、わたしに大きなダメージを与えました。この先どうやって子どもを育ててよいか分からないと途方に暮れました。いえ、それ以前に人としてわたしはどうやって生きていったらよいか分かりませんでした。

わたし自身がどのような人間になりたいのか、どのような人生をおくりたいのか、何をしたいのか…つまり、生きる意味を見出していなかったのですから！

その問いがわたしの心の奥底にあることをわたしは知っていたのです。分かっていたのです。けれど、その問いに向き合うことが怖かったから、ずーっと蓋《ふた》をしていたのです。なぜなら考え始めたら、答えを見つけなければならなかったから。答えを見つけなければ生きて行かれなかったから。そして答えを見つける道が険《けわ》しくて自死してしまった友人を知っていたから。

でも、もうその問いから顔を背《そむ》けることはできませんでした。答えを見つけなければわたしは生きて行かれない、子どもも育てることはできない…そして、わたしはその問いに向き合い、答えを探す旅に出ることを決めたのです。そうして出会ったのがルドルフ・シュタイナーの世界観と人生観でした。

求めれば、必ず答えは得られるということをわたしは体験しました。

あなたが娘さんを愛することができない理由を、あなたはご自分と似ているから…とおっしゃっていますが、そうなのでしょうか。もしそれが真の理由なのだとしたら、解決方法はただ一つ…あなたがあなたご自身を愛することです。ごめんなさいね。偉そうに言って…。

たくさん、たくさん見つけてください。そしてご自身を受け入れ、愛してください。

そうすれば、あなたに似ている娘さんを自ずと愛することができるようになるでしょう。

4章

家庭教育・しつけ

どうすればいいの?

Q25 家庭教育・しつけ
ほめ方が分からない私

「ほめて育てろ」というのを、頭では分かっているつもりなのですが、実行がとても困難です。テストで90点をとってきても100点を求めてしまい、「よくやったね」と言えず、「どこを間違えたの？」と欠点ばかりを見て、つい叱ってしまいます。どうしたら、心からほめられるようになるのでしょうか？

A 足し算育児で「その子らしさ」を見出そう

回答●藤村亜紀さん

「ほめて育てろ」、これが頭ではわかっていても難しいというそのお気持ち、よ〜くわかります。私も同じく、テストの「ペケ」に目がいってしまう親の一人です。

世の中には「加点法」「減点法」なるものがあります。「加点法」とは「ゼロ」が基準で、その後点数が加算される「足し算」の評価方法。芸能人の人気投票なんかに用いられます。「減点法」とは、あらかじめ満点が決まっており、できなかった分だけ減らされていく「引き算」の評価方法。学校のテストはまさしくこの「減点法」。間違えた計算、ハネを忘れた漢字には容赦なく

「ペケ」が申し渡されます。私がペケの並んだ答案用紙をこっそり庭で焼いたのは、五年生の苦い思い出です。

ここであなたに質問です。生まれてこの方、どちらの方法で見られることが多かったでしょう？　学校のテストしかり、自動車学校、就職試験と圧倒的に減点法ではなかったかしら。視力検査や歯科検診も大きな意味では減点法かもしれません。

「ほめて育てろ」、これは言い換えれば「加点法で育てろ」ということですよね。けれど減点法をずーっと受けてきた私たちにとって、親になったとたん「加点法で」と言われても、それはやっぱり難しいと思うのです、うん。

生活している上では、「百点」なんていう具体的な点数の概念はありません。けれど「この子は明るくて、誰にでも進んであいさつできる子になってほしいわ」といった、親が勝手に求める「満点」像があります。で、それに見合わないと、かしゃーんかしゃーんと減点されていくのです。そうやって「この子には、あれが足りない」「これが足りない」が始まります。そんなふうに知らず知らず私たちは、どっぷりと減点法に取り込まれている気がします。

けれどこれって、気持ちよくないですね。なんだか人のあら探しをしている気分。している方もされている方も居心地悪くはありませんか？

青少年事件を数多く手がけてきた弁護士さんが話していました。

「犯罪を犯す子どもには、共通点があります。そのような子どもは皆一様に、自分に自信がないのです。自分を否定してしまっているのです」と。

「俺は何をやってもだめなんだ」「私なんて生まれてこなければよかったのよ」。そうやって、自分を否定するのだそうです。そうしてそんな自己否定の気持ちが犯罪を招いているのだ、と。

減点法でペケを付けられるたびに、子どもは自信をなくし、こんな寂しい気持ちが募《つの》っていくのではないでしょうか？　子どもをよくしようと叱っているつもりが、実は子どもを追い込んではいないでしょうか。

子育てに減点法は危ういのではないでしょうか。ちょっと不安になる私です。

というわけで、それに気付いた人から先に「加点法」に変えていきましょう。

「加点法はゼロが基準」。だから勝手な理想像なんてこの際手放しませんか。

「あなたはあなたのままでいい」のだと。

ユリにはユリの良さがあって、バラにはバラの良さがあるように、その子もその子のままでいいはずです。「ほかの誰かさんみたいになったら愛してあげる」なんて、そんなの愛じゃありません。

「ゼロ」から出発すると、今まで見逃していたちょっとした良さにも目が行くと思います。ほめるべき点が、ぽろぽろ見えてくるはずです。もしかしたら、減点法で勝手に決めていた「満点」

なんて、ぽーんと追い抜いてしまうかもしれません。親の願う方向なんて無視して芽生えた、違う分野に伸び始めた芽に気付けるかもしれません。

先の弁護士さんは続けて言いました。

「そんな子どもに自信を取り戻させるため、ひいては子どもを加害者にしないために、一つだけ方法があります。それは、誰かがその子の『固有の価値』を見いだし、認めてやることです。おまえはこんなことが出来るのか。おまえのここはすごいな。おまえ、いいもの持っているじゃないか、と。

その子の中にだけある、『きらりと光る何か』を引き出し認めてあげる。それがその子に自信を付け、いい方向に伸ばしてやる最善の道です」

「こうあってほしい」という親の勝手な願いを手放し「ゼロ」から子どもを眺《なが》める。そうすることで、この「固有の価値」が見えてくる気がします。

「ゼロから始める足し算育児」。「減点法」から「加点法」への転換。そこから「ほめる子育て」をスタートしましょう。それでもやっぱりテストのペケが気になったら？　そんなときは「こんなふうに考えたらよかったね。よぉし、これで今度は大丈夫！」

そうやって、励ましの材料にできるといいですね。

Q26

家庭教育・しつけ

あいさつ・しつけ、これだけは？

「おはようございます」「ありがとう」「すみません」など基本的なあいさつができない子が増えているように思います。わが子もあいさつぐらいはできるように育てたいのですが、どうすればいいでしょう？　また、子どもに、これだけは「しつけ」をしたほうがよい、ということがありましたら教えて下さい。

A 我が家のしつけ「三つの教え」

回答●はせくらみゆきさん

私の場合、特別なテクニックや秘訣はなく、あいさつをしないときは「言ってないよ」と言う、ただそれだけです。子どもも高学年になってくると、私が「おはよう！」と言っても「あ」しか返ってこなかったりしますが、そんなときは「あれ？　聞こえない」と。

あとは、ほめます。「あなたの声はとても素敵だよね、聞きたいな」と言うと、「あ」が「ハイ」になって、「あ、素敵」というと、もっといい返事になっていく。

「これだけは」というしつけについては、我が家には「三つの教え」を伝えています。それは、

「あいさつをしよう」「腰骨を立てよう」「履《は》き物をそろえよう」というもの。なぜこの三つかというと、まず「あいさつ」は、基本のキ。明るく元気な挨拶は、それだけで気持ちがいいですし、自分と相手の心に橋をかけますから、親子だけでなく、社会生活をしていくうえでの潤滑油《じゅんかつゆ》になります。

「腰骨を立てる」は、やってみると分かりますが、まず気持ちがシャキッとします。理論的にも、腰骨を立てると背骨がまっすぐになり、神経や内臓が正しく働くようになりますから体にもいいですし、頭もスッキリして決断力や直感も冴《さ》えてきます。子どもの姿勢が悪いと、私は黙って背中をさすります。そうすると子どもも気がついて腰骨をシャンと立てます。

「履き物をそろえる」は、玄関がきれいになるのはもちろんですが、履き物をそろえる、ということは自分のした行為をいったん振り返ることで、これはいろんなことに応用できます。自分の行動を振り返る余裕をもっていると、人のことも返り見ることができる、つまり思いやりの心も育つのではないかと思っています。それに、何でも「そろっている」というのは気持ちがいいですね。部屋でもそうですが、そのとき面倒でも、ちょっときれいにすることでその後、ハッピーな気持ちが続くなら、そのハッピーな気持ちのほうが大事でしょ、と子どもには伝えています。

「あいさつをする」「腰骨を立てる」「靴をそろえる」、すべてに共通するのは、「ハッピーでいられるための工夫をしようよ」ということなのです。しつけとはそういうものかもしれませんね。

Q27 家庭教育・しつけ
のんびり屋さんの息子が心配

息子はほとんどのことがゆっくりペースで、学校へ行くのも、寝るときも、食事の際も、いつもせきたてないと、どんどん遅くなります。「早く!!」という言葉をできるだけ使いたくないのですが、この先、この調子でやっていけるのか、心配です。

A のんびりした性格は決して悪くはない
回答●山下直樹さん

現代は非常に速いスピードで物事が流れていきます。テレビでは毎日違ったニュースが流れていますし、インターネットで配信すれば一瞬のうちに世界中に情報が行き渡ってしまうのが、現代のスピード社会です。

そんな社会の流れにまるで反対するかのように、何につけてものんびりと、自分のペースを崩《くず》さないで生活を送ることができる子どももいます。こうした子どもたちは、私たちにいったい何を伝えようとしているのでしょうか? まずは、お子さんのそうした性格からどんなメッセージを受け取ることができるのか、じっくりと向き合ってみるのも良いのではないでしょうか。

とはいっても、社会の一員として学校生活を送るためには、それなりのルールがあります。ゆっくりしたペースが良いからといって、毎日学校に遅刻していいわけではありませんね。

こういうタイプの子どもへの対応としては、しなければいけないことの手順を決め、紙に書いて提示しておく、ということがとても効果的です。

例えば朝起きてから出かけるまでには、着替え、朝食、洗面など一連の手順があります。毎日同じなので、大人としては「どうして毎日同じことを言わなければできないのだろう」と疑問に思うこともあるでしょう。けれども、子どもにとっては、朝起きてからの一連の手順は、大人のようには理解していません。ですから毎回言わなければいけないのです。

朝起きてから出かけるまでに、しなければいけないことの順序を決めて、紙に書き、貼《は》っておくことで、それを見ながら毎朝同じ順序で行動できるので、これまでよりスムーズに行動できるようになるでしょう。また、言葉で伝える必要のあるときも、一対一で向き合って伝えることが大切です。お母さんはいつも忙しいですから、つい、食器を洗いながら「～をしなさい」と伝えてしまいがちです。子どもの特徴として、遠くで漠然《ばくぜん》と言われてもわかりにくかったり、自分のこととしてとらえられなかったりします。ですから、お母さんはちょっと手を休めて、子どもの前へ行き、向き合って、用件を簡潔に伝えてみて下さい。

Q28 家庭教育・しつけ
片付けられない症候群の娘

一人っ子の女の子のことで相談です。今6年生ですが、部屋がいつも散らかりっ放しで、何度いってもも片付けられません。親があまりうるさく言うのもよくないと思うのですが、大きくなったときが少し心配です。

A 片付け方を教えてあげましょう
回答●山下直樹さん

私たちは部屋を上手に片付けるために、いろいろな道具を利用し、またいくらかの工夫をしています。子どもは「部屋の片付けをしなさい」と、漠然《ばくぜん》といわれても、具体的な道具と工夫がパッと思い浮かばない場合があります。何度言っても片付けられないということはつまり、片付け方がわからないのだと理解することができます。

部屋を片付けるポイントは2つです。一つ目は、片付けるための道具を準備すること。二つ目は、ゴミやいらない物はゴミ箱に入れ、必要な物は所定の場所に置く、ということです。

〈ポイント1〉　片付けるための道具を準備すること

まずは片付けのための道具を準備してあげることからはじめます。準備するものは、ゴミ箱（ゴミ袋）、洗濯かご、掃除機です。そのほかに、必要に応じて本やおもちゃを入れるための段ボール箱や服を掛けるためのハンガーなどを準備しましょう。

〈ポイント2〉　ゴミやいらない物はゴミ箱へ、必要な物は所定の場所に

実際の片付けでは、まずゴミやいらない物をゴミ箱に入れるということからはじめます。そして、汚れた服は洗濯かごに、きれいな服はタンスや引き出しにしまいます。これだけでずいぶん部屋が片付くはずです。その後、おもちゃはおもちゃ箱に、ランドセルは机の横にかけるなど、所定の場所に片付けるようにしましょう。

片付けが終わったところで、お子さんを大げさなくらいほめてあげることも大切です。「自分もやればできる」という自信がつけば、次また散らかってしまったときにスムーズに片付けられます。

順を追って一つずつ行っていくことで、だんだん上手になっていきますから、親として口で注意するというよりも、上手に片付けられるように、必要な配慮をすることを心がけていきましょう。

Q29 家庭教育・しつけ
夜更かしを直したい

小学校1年生の息子ですが、小学5年生の兄、中1の姉が寝る夜10時、11時過ぎまで一緒に起きていたいらしく、遅くまで寝たがりません。早寝早起きの習慣をつけさせたいと思いますが、どうしたら早く寝る習慣をつけられるでしょう?

A 家族の協力で「寝る雰囲気」を

回答●はせくらみゆきさん

　私の3人の子どもたちも年齢が離れていますので、よくわかります。こういうときには、家族の協力が欠かせません。我が家では兄たちの協力を得て、いったんその時間、ちょっと部屋を暗くしたり、寝る真似をしてもらったりなど、なるべく静かで寝やすい雰囲気を作るようにしています。もちろんテレビはご法度《はっと》です。テレビの音声は本当に、心をざわざわとさせて、落ち着かなくさせるものですね。夫にも伝えるのですが、たとえ見たい番組があったとしても、下の子が寝る時間だけは、消してもらうようにしています。今から寝る子どもの身になってみれば、他の家族が楽しそうにテレビを見ながらくつろいでいるのに、これから自分だけは暗い部屋に行って寝ないといけない、というのも酷《こく》ですからね。

同じ空間の中で、小さい子を寝かせるということは、家族という共同生活を通して、それぞれが一番よい状態でいられるよう、一人ひとりの思いやりを実践するよい機会なのではと思います。上の子たちにとっても、自我がありますから、いつも協力的であるとは限りませんが、

「みんな、こうやって順番で大きくなってきたんだからね。君たちも小さなころは、今よりずっと早く寝てたでしょう。だから、今こんなに元気に大きくなれたよね」

というと、小さいころの記憶を思い出すのでしょうか。お兄さんたちが下の子に
「子どもは早く寝ないといけないんだよ。寝る子は育つ、っていうでしょ」

「成長ホルモンは夜9時までに寝ないと出ないんだよ。だから早く寝ないと大きくなれないよ」

と、私が昔いっていたようなことを、当たり前のような顔をして諭《さと》しだすので、その様子を見ながら私はくすくすと笑っています。でも、子どもに有無を言わせず寝かせる一番の力は、我が家ではやはり父親の威厳でしょうか。すごみを聞かせて、

「なんで起きているんだ！　早く寝ろ！」

この一言で、下の子は、途端に動作がスピードアップして、寝る体勢に入ります。

あの手、この手を使って、毎日あれこれと画策しながら、なんとか子どもを早く寝かせるよう工夫をしていましたよ。

Q30 家庭教育・しつけ 子どもへの言葉がけ、注意点は？

子どもとの上手なコミュニケーションのとり方について教えて下さい。小学生の低学年と高学年の2人の娘がいます。子育ての言葉がけで言ってはいけないこと、気をつけるべきこと、または、言うとよい言葉はありますか？

A 「聞いてもらう」ことが大きな力に

回答●藤村亜紀さん

「ただいまー。お腹へったー、おやつなぁに？」

これが小学校から帰った息子の、お決まりの第一声です。これで給食は必ずお代わりしているというのだから、一体どんな胃袋をしているのやら。

「お帰りなさい。手作りのケーキがあるよ」

「ええ！手作りケーキ？　誰が作ったの？」

さすがは我が息子、母にそんな器量がないことなどお見通し。ケーキは「知人の手作り」なのです。

こうして毎日おやつをいただきながら、学校での話を聞くのが習慣となっています。

時折「ケンカしちゃった」と肩を落として帰ってくることもありますが（それでもおやつはたいらげる）、もやもやした気持ちをひとしきり吐き出した頃には、大抵いつもの笑顔が戻っています。そんなとき、切に思うのです。「話を聞いてもらう」とは、なんと大きな心の栄養剤であろうか、と。

外で嫌なことがあったとしても、家に帰って話しをし「聞いてもらえた」「わかってくれた」と感じるだけで、どれほど気持ちが安定するかしれません。私はその役目を引き受けたいと思います。まずは「聞く」。その後が「言葉がけ」となるように。

「言葉がけ」としては、わからないところ、もっと知りたいことがあったらそれを尋《たず》ねるのもいいでしょう。ここで、気をつけたいことが一つ。どんなに「それは違うのでは？」と思うことでも、一旦《いったん》受け入れる、ということです。「でも」「そうは言っても」と思うことも確かにあります。けれど、こういう言葉って人の心に壁《かべ》を作る気がするのです。そうなってしまっては、どんなにそれが正論であっても相手の心には響きません。だからそうなる前に「一旦受け入れ」が大きな力を発揮するのです。

「ぼく、字がうまく書けなくてえんぴつ折っちゃった」

（何をぉぉぉ！）と心の中では叫びます。が、ぐぐっとこらえて一旦受け入れ。

「そうか、うまく書けなくて悔《くや》しかったんだね」

「うん」反論するならその後で。

「でもね、えんぴつだって折られたら痛いんじゃないかな。大切に使おうね」

「……うん」こんなふうに持っていけたら二重丸。

次に私が心がけている「言ってはいけないこと」「気をつけるべきこと」「言うとよい言葉」を。

言葉は人を作ると言われます。特にそれを習得中の子どもにとって、身近にいる大人の言葉はストレートに心と身体に入り込むはず。そう考えると、子どもが素敵な人になれるよう良質の言葉がけをしたいなと思います。


「言ってはいけないこと」＝人格を否定するようなこと。

「これもできないなんてお馬鹿さんじゃない？」「お姉ちゃんは足が速いのに、あなたは遅い」「にんじんも食べられないなんてだめな子ね」。これらは皆、自信のない子どもを作るだけ。言ってもどうにもならないことは、はなっから言わなくていいのです。


「気をつけること」＝他人の悪口。

子どもは他人に対する評価をどのようにして下すのでしょうか。それは、誰かが言ったことによってではないかと思うのです。だから悪口は、冗談でも言わないのが得策ですよね。

「まーったくうちの父ちゃんときたら、靴下は脱ぎっぱなし、トイレは開けっ放しでしょうがないわねぇ。なのに給料はどん詰《づ》まりなんだから、やってられないわー」

こんなことを母親が言っていたら、それがそっくり、子どもからの父親への評価となります。先生、義理の父母、親戚、ご近所さんに対しても同じこと。私なら「あなたの周りにいる人は、みんな素晴らしい」そんなメッセージを伝えたい。尊敬できる大人に囲まれて過ごせることは、幸せなことだと思うからです。


「言うとよい言葉」＝感謝の言葉。気持ちを伝える言葉。

「やってくれてありがとう」「生まれてきてくれてありがとう」「大好きよ」「あなたは大切な子どもなの」等々。そんなこと言わなくてもわかるだろう、と思いがちなことも口に出した方が確実に伝わります。「あなたがいてくれて嬉しい嬉しい」。そんな母の気持ちを、心の柔らかな子どものうちに、ことある毎《ごと》に染みこませておきたい。

「自分は愛されている」という誇りが、自身を大切にする気持ちに、そして人をも大切に思う気持ちにつながると信じているから。

Q31 家庭教育・しつけ
都会の遊び場

とにかく遊び場が少ないことに困っています。公園でも「ボール禁止、自転車禁止」など、「あれもダメ、これもダメ」ばかりで、これでは家でゲームをしている以外にない状況がもどかしいです。探究心旺盛な子どもたちのエネルギーを満足させるには、どうしたらいいのでしょう?

A 「遊び」の見方を変えれば都会には遊び場がいっぱい

回答●汐見稔幸さん

まず一つには、遊び場の探索地域を少し広げて考えてみることです。今は都市の環境がこれだけひどくなってきましたので、子どもたちに自由に遊べる場を与えなければいけないと、プレイパークづくりなどが少しずつ広がっています。例えば東京のど真ん中、渋谷区にも、泥遊び、水遊び、木登り、焚《た》き火、何をやってもいいというプレイパークができて、人も一杯きています。

それを作ったのはお母さんたちのグループですが、2004年あたりから自治体もプレイパークなど子どもの遊び場づくりを応援するようになってきています。そのお母さん方は、東京中、いろいろ見て回った結果、「都心部には遊び場がない、というのはウソ。渋谷には遊び場所がいっぱいある」と言います。こんなふうに地域のお母さんたちと遊び場づくりをしてみるのも一つの方法です。

また、土日にちょっと遠出するのも一つです。子どもが4~5年生になるくらいまでは、できれば子どもの友達も一緒に連れて、ディズニーランドとか遊園地ではなくて、山や海、川など、自然に恵まれた場所に連れていって、普段は満足にできない遊びをして、発散させるのもいいと思います。

ただし、そうした自然の中でダイナミックに遊んで子どもたちの楽しい思い出づくりができるようになるには、お父さん、お母さん自身がそうした遊びにうまく誘い込むことができなければならないでしょうね。それは苦手!というお父さん、お母さんは、近所の人とか友人とかの中から、そういうことが得意な人を探して、その人の家族と一緒に出かけるなどの工夫が必要でしょう。そこでワイワイ、お父さんお母さんも子どもに返ることが大切です。

ほかにも、「遊び」の考え方を少し広めれば、都会で遊ぶ方法はまだいくつもあります。例えば自分の町の江戸時代の地図を探してきて、「これは何の跡だろう」とか言いながら探索してみる、図書館や博物館、美術館めぐりをするなど、その気になれば都会でも意外とおもしろい遊びができるものです。公園で走り回って遊ぶ、ということだけでなく、「遊び」の概念を広げてみると、意外と身近なところにも楽しめる遊びが見えてくると思います。

Q32 家庭教育・しつけ

地域が子育てに無関心

地域で、安全・安心な子育てをしたいと思うのに、どの家庭も子どもが少なく、町内会はゴミ当番とお祭りだけで、子どもを取り巻く地域環境について関心を持つ人が、周りにあまりにも少ないのが悩みです。犯罪などがない、安心できる環境を作っていきたいと思いますが、何か地域で始められるよい方法はありますか。

A みんな一人から始まった

回答●藤村亜紀さん

「おはよう、久しぶりだね。なんだか赤ちゃん、大きくなったみたい。何ヶ月になったんだっけ?」

「よく来てくれたね。今日は暑くなりそうだから、ビニールプールでも出そうか」

週2回、そんな会話から1日が始まります。自宅を開放して集いの場を開き3年目を迎える今では、1日10組くらいの親子が訪れ、お弁当を広げたり情報を交換し合ったりと思い思いに過ごしています。

そうしてそれを知ったご老人が訪問してくれたり、大工さんが子ども向けの日曜大工講座を企画してくれたりと、地域的な広がりを見せています。こんなふうにたくさんの人に見守られ、手をかけられ、愛される子ども達は、なんと幸せなことでしょう。

このような場も、始めは私というたった一人の頭の中で芽生えたことでした。

「みんなで子育てする場を創りたい」

「実家みたいにふらりと行けて、話し相手がいるなんてなんだか嬉しくない？」

ことある毎《ごと》に誰かをつかまえ、私はそう語っていました。そうしてそれから7年後、夢が現実となったのです。

振り返ってみると、かけ抜けてきた7年はあっという間だったような気もします。けれど強い想いだけはあっても、私もこの方と同じく、それをどう形にしていったらいいのかわかりませんでした。

何をするにも「始めの一歩」は何か、どこから手をつけていいのか悩むものです。そこで私は、同じような活動をしている場に足を運ぶことから始めました。「先人に学んだ」のです。

先にそれを成し遂げた人からは、非常に多くのことを学ぶことができました。

「本の貸し出しをすると、何度も足を運んでもらえる」

「イベントを打てば人も集まるし、話題性があっていい」

「ボランティアや協力が必要なら紹介できるよ」

「生」の具体例を見られる他、このような実践的アドバイスまでいただけるのです。目指す道を行く人が持つ、ノウハウや人脈、考えに触れられることはとても貴重で、これから始める活動の大きな指針となりました。

地域を巻き込んだ子育てをするのもやはり、それを実践しうまく行っている例が近くにあるのではないでしょうか。まずはそういった街で実践例の話を聞くなどしてはどうでしょう。見当が付かないのであれば、市町村や都道府県の担当に尋《たず》ねると教えてくれると思います。

これと平行して行ってほしいのは、子どもと一緒に地域を歩くことです。すると、そのうち子ども好きの誰かが声をかけてくるはずです。そういった人と仲良くなれば、道は開けます。

人は自分と似た人といると落ち着きます。同じような年代、同じような家族構成、同じような考え方。似ている部分が多いほど、相手の気持ちも察しがつきやすく楽に付き合うことができるのでしょう。そのため、子育て世代は子育て世代同士の付き合いが多くなるはずです。それも悪くはありません。けれどそれだけでは、ほかの人が近づきにくくなってしまいますよね。

その突破口となるのが、地域のおじちゃんおばちゃん達の存在です。この法則からいって、当のおじちゃんおばちゃん達にも似たような仲間が大勢いるはずです。だから一人の誰かと知り会うことによって、そのバックにいるたくさんの異年齢の方々とも知り会えるのです。

その中に楽しいこと好き、何かを起こすのが得意という人がいないでしょうか。そういった方と一緒に、人が集まる企画を立ててみましょう。ウオーキング教室、料理教室など気軽に参加できるものがいいでしょう。初めは誰か講師を呼んでもいいですね。やっていると、参加者の中にも「何か」ができる人が必ずいるものです。そういった人を次回の「先生」にして、地域のつながりを深めていくのです。そうやって「顔」と「顔」を合わせることで自分の街に関心が生まれ、そこに住む人同士の絆《きずな》ができてきます。そこからいよいよ意識啓発となります。

その際も行政にお願いして「安心な街づくり講座」を開くなど、持って行き方はさまざまあるはずです。そのときこそ、先に訪ね歩いた先進例が役に立ちます。それを参考にして自分の街の実情に合ったあり方を探っていけます。

「子どもが少なく子育て環境に関心を持つ人が少ない」ということであれば、とりあえず「快適な街」といった大枠のコンセプトで進めてはどうでしょうか。それならば誰も皆、自分の生活に関わることなので興味を持ちやすいはずです。その中にうまく「子どもを取り巻く環境づくり」を交えていくと、子育て世代以外の人もスムーズに巻き込めるのではないかと私は思います。

成功事例に触れる、街を歩いて人と知り合う、意識を高める場を設ける。地道な作業かもしれません。でもどんなに大きなうねりも、最初は誰かの小さな「始めの一歩」から生まれるのです。

一から十にするのはたやすいことです。大変なのは無から一を起こすことです。けれど、なんにもないところから何かを生み出すのは、この上ない喜びでもあります。楽しいところに人は集まります。そんな風を、光を「あなた発」で放ってほしい。

一人で出来ることなんて限りがあります。

でも、その一人が動き出せば、必ず何かが動き出します。

人を変えるのは難しくても、自分を変えることならいつだってできます。

そうして自分が変わったならば、周りも次第に変わってきます。

だから何かをしたいなら、まずは一歩を踏み出すことだと私は確信しています。

変わることを、そして踏み出すことを怖がらないで下さい。

「あなた」から全てが始まるのです。

5章

子どもの心・友達づきあい

親のすべきこと

また明日ー
なあ まるころん
人間はね
うそをついちゃあ
いけないよ
人間は
清く正しく
正直に生きるんだ
そうか
父ちゃん・ぼく
正直に生きるよ
父ちゃんのゴルフクラブ
折っちゃった
バッタリ
再起不能
実はもう一本

Q33 盗み、万引き

子どもの心・友達づきあい

普段から子どもに「部屋に勝手に入るな」と言われているのですが、先日掃除をしようと部屋に入り、引き出しをのぞいたら、子どものおこづかいでは買えないようなおもちゃを見つけてしまいました。万引きか、どこかからとってきてしまったのではないか……と気をもんでいます。子どもにどう切り出すべきでしょうか。

A 万引きが本命でないことも。まず聞いてあげること

回答●内田良子さん

子どもの部屋に無断で入り、勝手に引き出しやランドセルを見てしまって何かを見つけてしまった…困ったことですがこれは、よく起こることです。お母さんもこっそり不文律《ふぶんりつ》を破っているので子どもになかなか切り出しにくいのですね。

ただ、このような場合、たとえ子ども部屋には入らないとか、子どもの私物を荒らさない、と約束をしていたとしても、お母さんが見つけてしまったという時点で「約束を破って悪かったけれど、これを見つけてしまった」と正直に言うことです。

子どもは当然、お母さんが約束を破ったことを怒りますが、事実は事実としてそこから始めないと話しになりません。子どもは身を守るために本当のことを言いたがらず、言い訳や嘘《うそ》を言うでしょうが、お母さんも同じ立場なのですから、正直であることからしか始められません。

こんなとき、子どもは当然、叱られる、制裁を受けることを予測しますから、恐怖心から言い訳や嘘《うそ》を言う、または「知らない」としらばっくれる場合がほとんどです。これは、子どもが悪いことをした場合、むしろ悪いことをしたと分かっているからこそとる行動です。

親としては、子どもが嘘をついたから許せない、と感情的になるのではなく、「子どもには、万引きとかをする時期があるってお母さんも聞いていたけど、ついにうちの子にもそういう時期がきたんだなって思ったよ」などと話して、事実を知りたいということを素直に伝えることです。同じことを再びしないで済むような話し合いを最初の事件が発覚したときにどう持てるかを大切に考えるべきでしょう。罰を与えたり厳しく叱責《しっせき》することが解決にならない場合があります。最終的には許す、という前提を持って話し合いに臨んで欲しいと思います。

でも、万引きや、親のお財布からお金を引き抜く、などの行為は、友だちとの関係でやらされている場合もありますし、子どもさん自身が何か困った問題を抱えていて、気づいて欲しくてやっている場合もあり、万引きなどの行為そのものが本命ではないことも多いのです。ですから、起きた問題だけを集中攻撃するのではなく、「何か困ったことがあるんじゃないの？」と聞いてあげるくらいの気持ちでいましょう。そして、もし子どもが「お父さんには言わないで」と言ったら、それは守ってあげて下さい。信頼して心を開いて本当のことを言える大人がだれか一人でもいることが大切です。怖くて本当のことが言えない親子関係でいるとまた、同じことが形をかえてくり返される場合があります。

子どもが万引をしたり、親の財布からお金を黙って持ち出すときは、お小遣いが足りなかったり、もらっていない子の場合がよくあります。日本が貧しかった時代、子どもたちが貧しさに見合ったお小遣いをもらっていましたが、豊かになった今日、お小遣いを渡していない親御さんが増えました。理由を聞くと、欲しいもの、必要なものは、その都度買い与えているので、お小遣いは必要ない、と言うのです。

5年生になると、親の目が届かない生活圏が広がり、親の眼鏡に叶《かな》ったものばかりではなく、自分の趣味や友だちづきあいで必要なお金が欲しくなるものです。自分で裁量できる小さな自由、それがお小遣いの額に象徴される年頃であることを忘れないで下さい。

Q34 子どもの心・友達づきあい 嘘をつく子

小4の子どもがよく友達に嘘《うそ》をつきます。持っていないゲームを買ったと言ったり、海外旅行をしたことがあるとか…。また、先日は親の私も嘘をつかれ、ショックでした。こういうとき、どう対処したらよいのでしょうか。また、どうして嘘をつくのでしょう?

A 子どもにとっては「嘘」でない場合も

回答●内田良子さん

子どもは、夢や希望や願望を、あたかも本当にあったことのように語るときがあります。これを「嘘《うそ》」と言わない方が良いと私は思います。小学校4年生くらいですと、夢と現実の境目の線引きがまだ甘い子もいます。想像力豊かな子、将来作家になれそうな子、お話しを作るのが大好きな子などは、割とこのような空想の話をするものです。

持ってないゲームを欲しくて、お友達に「買ったよ」と言ったりするのは、許容範囲ではないでしょうか。むしろ、「そういうゲームが欲しいの?」と、子どもの気持ちを聞いてあげるいいきっかけだと思います。動物を飼《か》いたい子は、犬を飼っているなど、よく空想上の話をします。

あったらいいな、できたらいいなという思いからの話だ、と捉《とら》える大人の余裕が欲しいですね。

ただ、例えば嘘の中身が、物をとってきて「これはお友達からもらった」とか、「知らないおじさんがくれた」という現実の問題であれば、話が違います。その場合は、事実を確認し、物をとるのは罪であることを認識させて下さい。その上で同年齢の子ども達が、どんなおもちゃやどんな遊び道具を持って友達づきあいをしているのか、生活を振り返ってみることが必要かもしれません。

子どもの社会の中で何が流通しているのかを知り、ご家庭の価値観との折り合い、その限度や許容量を見直すこともときには必要です。ゲームをさせません、買い食いもさせません、と親が清く正しく美しく生きていて、それを子どもにも正しいこととして与えるために、遊びを中心に形成される子どもの人間関係が阻害《そがい》されている場合もあります。私の出会った10代の子どもが、皆で遊びに出かけたときに、食事をしようということになって食堂に入ったのだけど、「僕は親にいけないって言われたから」と、皆が食べてる間外で待っていた、という子がいて、驚きました。これはちょっと酷《こく》な感じがします。

また、相談に来られる方の中に、例えば家がすごく厳密に自然食、無着色、無添加で健康にいい食生活をやっていたら、よそのうちに行ったときにこっそり冷蔵庫を開けて食べたとか、よその家に行くとお友だちと遊ばず、おやつに出たお菓子ばかり食べるという話がよく出ます。

大人は自分の価値観ですし、自分で選んで納得しているから我慢《がまん》できますが、子どもはまったく別の人格で、子どもの文化を生きていますから、子どもの立場に立って考えてあげる必要がありますね。

人工的な子ども社会が形成されている学校に行かなくていい、と子どもに言えるなら別ですが、学校に行かせながら、子ども文化と隔絶《かくぜつ》して親の生活文化を生きろというのは、子どもにとっては難しいことです。

「嘘をついた」という表面的な事象に一喜一憂するのではなく、嘘の内容をよく見てあげて、子どもが言いたくても言えないこと、やりたくてもできないことの我慢の限界を超えた心理状態にあることを、理解してやってほしいと思います。

子どもが抱えている問題があるのなら、それについて話し合うよい機会と捉えるといいと思います。

Q35 子どもの心・友達づきあい
乱暴な言葉をつかう息子にびっくり

小学校3年生の息子ですが、年上の友だちと遊ぶようになってから、「クソ、コノヤロー、ぶっ殺す」など、これまでにはつかったことのない乱暴な言葉をつかうようになりました。このまま口ぐせになっては困ると思うのですが、放っておいて大丈夫でしょうか。その友達と遊ぶのをやめるように言ったほうがいいのでしょうか。

A ストレスのサインの可能性も？　素直に聞いてみること
回答●内田良子さん

小学校3年生になってから乱暴な言葉遣《づか》いをするようになった、とのことですが、この子はどちらかというと奥手な方かもしれません。今は幼稚園くらいからこういう言葉遣いが良く聞かれます。

年齢はともあれ、乱暴な言葉遣いをして良いか悪いかといったらそれはあまり良くないのでしょうが、子ども達がこのような言葉をとても良くつかう時代になってきていることは事実として知っておくことが必要です。先日も学童クラブと児童館の職員の研修会に行ってお話しをする機会がありましたが、子どもたちの言葉遣いが悪くて、指導員の方もどうしたものかと困っているという話が出ていました。

一般論として言われるのは、今の子ども社会はストレスが多いので、そのような中で攻撃的で乱暴な言葉をつかう子が増えてきているということがあります。ストレスやイライラ感を感じると、強いインパクトのある言葉を言うとスッキリしますので、一種の感情を発散するのに、多分、子どもにとって有効なのでしょう。

口ぐせになるかと言うと、状況にもよりますが、長期的に続くことはない一過性のものと思います。

ただ、子どもがそういうことをよく口走るようになったときは、子どもが生活する場、家庭や学校や学童クラブなどで、子どもが不協和音を奏《かな》でるような生活状況になっていないかを、見直して欲しいと思います。

いじめられていたり、傷つけられるような状況に置かれてこういう言葉を乱用する場合もありますから、子どもの生活を良く観《み》て欲しいと思います。

気になるときには、「何かイライラしているの?」「むしゃくしゃすることがあるの?」「そんな言葉が学校ではやってるの?」と、素直に聞いてみても良いのではないでしょうか。何ごとかうまくいかない条件から開放されたり、自分が困難な状態にあることを理解してもらえたりすると、攻撃的な言葉を言う必要がなくなって、乱暴な言葉を吐く真相を語り始める子がよくいます。

それから言葉遣いの悪い遊び友達が相当のストレスを抱えている場合もありえます。その場合も、悪い言葉をつかうから遊ばないということではなくて、そのお友達と遊ぶことが楽しいのか、どんな遊びが楽しいのか、聞いてみるとよいでしょう。

一緒に遊んでいるように見えても遊び仲間に嫌なことを強制されている場合もありますから、もう少し子どもさん本人に遊びの内容や友だち関係の実際を聞いてみてはいかがですか。

社会化された大人同志の関係だと「親しき仲にも礼儀あり」ですが、遊びを通して、友だち関係を形成していく子どもたちの関係はまだまだ未熟です。

「クソ、死ね、ぶっ殺すぞ」といったセリフをアニメやマンガなどから覚え、威嚇《いかく》や攻撃的につかう快感を知る一方で、言われる側の痛みや傷つきには想像力の及ばないのが子どもです。

親が眉《まゆ》をひそめたくなるようなマンガやアニメをときには子どもと一緒に見たり読んで、言われる側の気持ちを一緒に想像してみることなどを試してみてはいかがでしょうか。子どもをとりまく文化の実態に触れることも親として大切な時代になっています。

Q36 9歳の自我の確立について

子どもの心・友達づきあい

シュタイナー教育などの本を読むと、9歳頃に子どもは、自分と親や回りの人々とが別の人間であることを理解し、孤独感を抱くと書いてあります。この頃の子どもに、親は何を考慮してあげたらよいのでしょうか？

A まず、子どもの内面で起きることを知って下さい

回答●大村祐子さん

9歳になると、子どもの内で自我がいちだんと成長するということを知っていることがまず、もっとも大切なことですね。そういう段階にいる子どもを、あなたが親として支えてあげたいと願っているのですね。なんて素晴らしいことでしょう。

ご存知のように、子どもは生まれたときには…自分がここにいる、自分はこのような状態にある、自分はこんなことが必要だ、自分はこうしたい…という認識はまったくありません。つまり、赤ちゃんは「自分」を意識することがないのです。

子どもの内に初めて「自分」を意識する力が芽生えるのは3歳のころです。ですからそのころ、

「こうしたい」「ああしたい」「これはいやだ」「それがいい」…というように、子どもは自分を主張し始めるのです。それを「うちの子はどうして急に我儘《わがまま》を言うようになったのかしら？　困ったわ。なんとか止めさせせなければ…」と考えて無理に押さえつけようとしてはいけませんね。

そんなことをしたら、せっかく芽生えて来た「自我」が育ちません。土の中から植物の種が芽を出したとき、手で押さえつけたら、出て来た芽は伸びませんね、それを同じことなのです。子どもの内に自我が芽生えてきたのだということを理解し、芽生えて来た自我が育つことを助けるのが、わたしたちの役割です。

子どもたちがどのような状態に在るかということを考えてみましょう。生まれてからこれまで子どもたちは自分がお母さんやお父さん、先生、そして、まわりの人たちと一体であると感じていました。（勿論《もちろん》、そう感じていたのも無意識のうちにです）そして、お父さんを「すごい人だ」と尊敬し、お母さんはやさしくて大好きだったのです。こうしてまわりの大人を無条件で信頼していました。子どもたちは自分と一体であると感じていたお母さん、お父さんを客観的に見るということはできませんでした。

ところが9歳になったある日、子どもは突然、「わたしはわたし、お父さんともお母さんとも違うんだ！」と気付いたのです。子どもは「ぼくはお母さんでもない、お父さんでもない…だれとも違う存在なのだ。ぼくはぼくだけなのだ」ということが分かったのです。

　すると、お父さんは「わたしたちにはテレビばっかり見るんじゃないよ、と言っているのに、自分は会社から帰って来ると、ごろごろしながらテレビばっかり見ているじゃない！」お母さんは「ぼくには人の悪口を言ってはいけません、と言っているのに、自分は電話で友だちと人の悪口を言っているじゃないか！」「先生はみんなと仲良くしなさい、と言っているのに、自分は洋子ちゃんばかりを可愛がって贔屓《ひいき》しているわ！」…というように、おとなが抱えている不正義、卑劣さ、弱い点、矛盾を見て取れるようになります。

　あなたはご自分が信頼していた人が、それまで考えていたような人ではなかったと思い知らされた…というような体験をお持ちですか。そのとき、どんな気持ちになりましたか。そうですね、裏切られたように感じてとても哀しく、悔《くや》しく…孤独感に苛《さいな》まされたのではありませんか。

　子どもも今、そんなふうに感じているのです。大好きだったお母さん、心から信頼していたお父さん、無条件で尊敬していた先生が、それまで自分が思っていたような人ではなかったと感じているのです。そして失望し、落胆し、憤《いきどお》り、裏切られたと感じるのです。そして、そんな大人を受け入れられなくなるのです。

　わたしの二人の息子たちにも「自我」の成長が見られ、そしてわたしを含むすべての大人に対して不満を感じ、怒り、落胆し、信頼しなくなったことがありました。そしてわたしに言い募《つの》ったのでした。「大人は卑怯《ひきょう》だよ。ぼくたちにしてはいけないと言っていることをしているじゃないか！　悪いことをする、嘘《うそ》をつく、人の悪口を言う、ずるをする…大人なんてみんな信用できないよ！」

わたしはそのとき彼らに答えました。「そのとおりよ。わたしは悪いことをします。嘘もつきます。人の悪口も言います。ずるもします。みんなあなたの言う通りよ。けれど、わたしはそんなわたしを変えたいと思っているわ。わたしにはわたしの理想の人間像があって、それに近づきたいと毎日努力しているの。努力が足りなくて、力がなくて、なかなか理想に近づくことはできないけれど、でも諦《あきら》めてはいないのよ。一生かかって今よりは理想に近い人間になりたいと思っているの。わたしはあなたにも理想を持ってもらいたいのよ。これまであなたは幼くて、自分で自分の理想を描くことができなかったわね。だから、わたしがそれをあなたたちに示して来たの。でも、あなたは成長し、今からは自分でどういう存在になろうとするのか、どう生きるのか…自分の理想を描くことができるわ。だから、これからはもうわたしはわたしの理想を、あなたに押しつけない。あなたはあなたの理想に向かって生きてゆけばいい。互いの理想を目指して、一緒に生きていきましょう」と。

Q37 子どもの心・友達づきあい
大人の前で態度を変える子

子どもの友達で、子どもだけで遊んでいるときは、とてもわがままだったり、片付けるのに協力しなかったり自分勝手な行動をとるのに、自分の親や先生の前では急に態度を変え、率先して片付けたり、「いい子」にふるまう子がいます。子どもらしくない態度でとても気になるのですが、周りの大人が注意したほうがいいのでしょうか？　おせっかいしないで放っておくべきでしょうか？

A それも成長の一過程。余裕あるまなざしを

回答●内田良子さん

いい子を生きている子どもたちは大人の目があるところではこういうことになりますよね。いい子を求める大人たちのなせるわざかもしれません。子どもは本来いい子ではないですから。

かつては学校でいい子にふるまって、楽屋裏が家で、素《す》の自分が出せていたのが、今はその逆になっているから、学校や児童館の先生方も困った困ったと、よくおっしゃいます。親の前ではとてもいい子にしてるけど、学校ではめを外すとか、もしくは学校ですごくいい子をやっていて学童クラブや児童館ではめを外すとか、一つ前の場所でいい子をしたストレスを次の場所で発散

するという感じがあるようです。

このように子どもが急に態度を変えるようなら、「この子はいい子を演じるタイプの子だな」と理解し、目くじらたてないことです。わがままを言ったりやんちゃをするのを見た上で、「それはわがまま過ぎない？」とか、片付けをよくしないときに「○○ちゃんも一緒に片付けてね」と、大人はちゃんと見ているよ、と直接この子に働きかけるのがいいのではないでしょうか。どういう行動が人に好感を持って受け入れられるのかというのを、あなたからこの子に直接教えてあげればいいのです。

人生の先輩として、社会で子どもを育てているんだと考えればそれが一番自然なのではないでしょうか。

子どもは自分のとった行動を親や先生に告げ口されることをとても嫌います。「直接注意してくれたら素直に気をつけることができるのに」と一人の人間として自尊心が傷つきます。

特に最近は、親の責任がとても強く求められすぎる面があって、子どもが気になる行動をすると、全部家庭の責任にしてしまう傾向があります。でも必ずしも家庭の問題ではない、原因は学校であったり地域であったり、という場合もありますので、気をつけないと人間関係の足元をすくわれるような気もします。親や家庭を問うてるときは、他のところで起きている問題は問われずに免罪《めんざい》されてしまいますから。

また、状況によって態度を変えるというのは、子どもだからやり方が未熟で不器用なだけで、大人も同じようなことをよりスマートに洗練してやっていることです。ＴＰＯによって使い分けることができるようになったということは、広い心で見れば社会化の一過程ではあるとも言えますね。

この頃の大人は子どもに厳しくなっていますから、「いい子」すぎるのも「悪い子」もダメ、いつも「ちょうどいい加減」ないい子になりなさい、というのが結構多いのです。このため、子どもたちは大人や社会の求めにあわせて三つの役割を演じることになります。

親にとってのいい子、学校や先生にとっての良い生徒、そして友達の仲でいいヤツと思ってもらえるような子ども像です。親や先生にとっての良い子を演じ続けると、同世代の子どもたちから「いい子ぶりっこをしている」と疎《うと》んじられますから、子ども集団に入ったときは、多少の逸《いっ》脱《だつ》やマナー違反などの同調行動が求められます。

この三つの仮面の下に抑圧された「自我を持った自己」が窒息《ちっそく》しかかっているのです。いい子が危ないといわれるゆえんです。

Q38 子どもの心・友達づきあい
派手なグループから誘われている

小6のクラスの中に4～5人、いつも派手な服装をして、土日になると口紅を塗ったり、中学生のボーイフレンドとつき合ったりするグループがあるのですが、最近私の子どもがそのグループに入るようにと誘われ、私の娘も仲良くしたがり、よくない影響があるのではないかと心配しています。

A 「話せる関係」があれば子どもは自ら気付きます
回答●内田良子さん

子どもが大人に近づき背のびを始めたのですね。親が心配して干渉したり、反対すると、子どもは振り子と同じように反対側にふれてエスカレートしてしまうので、その辺をどうするかでしょうね。服装に関しては、子どもが成長するにつれて、自分が何者であるかとか、自分がどういうふうに見られるかをとても意識する年齢ですから、学校に着ていける服以外で、派手とはいわなくても、自分に似合う華《はな》やかな服を着てみたいのだと思います。

一つには、私たち大人がおしゃれをして出かける日があるように、子どもにも、よそ行きのおしゃれをして外出する、というような、いわゆるハレの日があったらいいと思います。日常生活の一部として、ある程度華やかな装《よそお》いができるようになったときに、満足し、納得して落ち着くことができるか、というところでしょう。

派手なグループからの「よくない影響」への心配についてですが、親があれはダメ、これはダメと親の価値観で子どもを支配する関係にあると、親の手からすり抜けるように子どもは反対側に行ってしまって多くを語らないものです。修道院かと思うような厳しいしつけをされていた家庭がありましたが、やはり子どもが華やかで危険な向こう側へ行ってしまい、世の中の許容ラインをはるかに超えてしまった、と私のところへ相談にこられる方々もいらっしゃいます。

そういう場合は、とにかく口うるさく干渉するのをやめることと、子どもが呆気《あっけ》にとられるような服装をしたときも「あなたも、大人っぽい服装がしたい年頃になったのね。」と事実をサラリと口にすることです。そしてどこか一つ「色が似合う」とか「形が洗練されている」など認めてやることです。そうすると、子どもの方から「これ似合う？」と聞いてきたりして、だんだん、親の許容できる範囲に納まってくる、ということもあるのです。

肌をすごく露出するような服装をしていたら、「あんまりオーバーに露出するより、ほどほどの方が魅力的に見えるわよ」とか、親として、というよりも女性の先輩として賢いアドバイスをする感覚で接してみると、子どもたちは意外と耳を傾けるものなのですね。

すごく派手な格好をして出かけて行くときは親の非難を全身で感じ、「行ってきます」も「ただいま」も言えません。その背に向かって「行ってらっしゃい」「おかえりなさい」は言い続けていると、行き先くらい言ってくれるようになるものなのです。困ったな、逸脱行動をとってるな、と思ったときこそ、本当に大人になりかかった危うい人間としてあたたかく丁寧《ていねい》に付き合うことですね。とんでもない服装をしていても、「そういう時期もあるよね」と見てあげられるような親子関係だと、子どもは危ない橋も上手に渡ります。

親に聞く耳があればどんな友達とどんな付き合いをしているのか、ボーイフレンドができれば、どんな子なのか、とこちらが聞かなくても話したくて仕方がないのが子どもです。話してくれると子どもの行動半径が分かりますし、親に話せる関係というのは、子どもが自分をコントロールする関係で、話しながら「これはやばい」と子ども自身が気づいて自主規制します。

ですから、親としてのいいか悪いかの判断を直接的には言わないで、子どもには、「どんなお友達なの？」とか「ボーイフレンドと付き合うって、今どきはどんなふうに付き合うの？」と、詮索《せんさく》するのではなく、私に分かるように聞かせて、と素直に聞くぐらいのスタンスでいると、子どもは正直に話してくれるものです。その逆に厳しく制限したりすると、子どもは家に寄りつかなくなってしまいます。子どもが自立していく時期というのは、親元を精神的に巣立っていく時期ですから、一人の大人として成長していく子どもに、ある程度の距離を持って、いかに大人として賢く付き合うかということだと思います。

Q39 子どもの心・友達づきあい 軽度発達障がいを持つお友達の理解と支援

子どもの友達で、アスペルガー症候群と思われる軽度発達障がいを持つ子がいます。本人に悪気がなくても乱暴になったり大声を出したりすることを、わが子に対してどう説明したらよいのでしょうか？　また、まわりの大人も、どう受け止め、接したらよいのでしょうか？

A 一番困っているのは、障がいを持つその子自身であるということ

回答●山下直樹さん

アスペルガー症候群や広汎性《こうはんせい》発達障がい、LD（学習障がい）、ADHD（注意欠陥多動性障がい）など、いわゆる軽度発達障がいといわれる子どものことを、どのように自分の子どもに伝えるかについては、とても難しい問題です。というのは、軽度発達障がいは表面的に見えにくく、理解しにくい障がいだからです。

そして、お子さんに障がいを持つ子どものことについて説明する際には、親であるあなた自身が、障がいの本質をどのように理解しているかが問われるということについても意識しましょう。子どもは表面的な言葉だけではなく、大人の内面を模倣《もほう》しながら学ぶのです。

それでは、どのように軽度発達障がいを持つ子どもたちを理解することができるのでしょうか?

ここでは理解のための土台として、障がいを持つ子どもたちすべてに共通する二つの柱を紹介したいと思います。

一つ目の柱は、どんな子どもも「本質」において障がいを持ち得ない、ということです。人はみな偉大な演奏家にたとえられます。障がいを持つ子どもたちは、偉大な演奏家が自分の思い通りにならない楽器を演奏せざるを得ない状態であるととらえられます。つまり、障がいを持つのは、楽器としての肉体の部分なのです。どんな子どももその本質においては偉大な演奏家であり、障がいを持ち得ない、ということです。

二つ目の柱は、障がいを持つ子どもの困難さは自分の中にもある、ということです。

障がいはあるかないかではなく、私たち自身の中にも存在します。私たちの中にある障がいは、普段は表面にはあらわれませんが、だれもが普段は見えにくいところに不安定でアンバランスな部分を持っています。そして心が乱れたり、何らかのストレスがあるときなどにそうした部分が誇張《こちょう》されて表面化したり、極端な方向へ移行するのです。普段は見えにくいけれど、私たち自身の中にも障がいがあり、それを子どもたちと共有することが、彼らを理解するための二つ目の柱です。

学校現場での対応について、少し具体的なお話をしましょう。

子どもが学校で「叩《たた》かれた」「突き飛ばされた」「怪我をさせられた」というときに、親としてどのように対応すればいいのかということは、学校や幼稚園に子どもを通わせたことのある親ならば、誰しもが必ず経験することだと思います。「授業中、大声をあげる」「立ち歩く」など、子どもは学校生活を送る中で、多様な子どもたちと出会い、様ざまなことを体験します。何かがあったときはまず、子ども自身のつらい気持ちや、嫌だったという気持ち、痛かったという気持ちを受け止めてあげてください。「痛かったね」「つらかったね」「嫌だったね」などと声を掛けてあげながら、気持ちを受け止めてあげることが必要です。親としては、そのときの状況がよくわかりませんから、「誰にやられたの？」「どんな状況だったの？」と根掘り葉掘り聞いてしまいますが、子どもにとっては責められているようにしか聞こえませんから注意しましょう。

我が子が叩かれてしまったり、嫌な気持ちになったとき、叩いた子どもを感情的に責めないことも大切です。「どうしようもないわね」「また、あの子にやられたの？」など原因となる子どものことを感情的に責めたとしても、それは自分の子どもに共感したことにはなりません。また、感情的に責めたとしても、解決の方向へは行かないでしょう。そうした見方ではなく、「その子自身も何かに困っている」「その表現として、叩いてしまったり、大声を出してしまう」という視点を持つことが必要です。一番困っているのは、親でも、教師でもなく、障がいを持つその子自身なのです。

また、大人であれば診断名を出して、具体的に話した方が理解しやすい場合もあるかもしれませんが、小学生くらいの子どもに対して、アスペルガー症候群などという診断名を伝える必要はないでしょう。そうではなく、子どもの状態像と対応の仕方を話してあげるようにします。

例えば、「急に耳元で大きな声がしたから、びっくりして叩いちゃったんだよ。その子は耳がとっても敏感なんだ。小さな声で話してあげようね」とか、「自分の気持ちが抑《おさ》えきれないと、大きな声を出してしまうみたいなんだよ。わざとやっているわけではないから、気にしなくてもいいんだよ」、また、お子さんが叩かれてしまったときは、「痛かったね。でもその子は、あなたのことが嫌いで叩いたんじゃないと思うよ。自分がイライラしたとき、その気持ちを押さえられないときがあるんだ。今、手が出てしまわないように先生と練習しているからね」というように、具体的に伝えてあげることが必要です。

本人はどうしてこういう行動をしてしまうのか、言葉でうまく説明することはできないので、共感しながら、その子どもの心を想像して、状態像と、対応の仕方を具体的に伝えてあげましょう。

6章

親同士のおつき合い

うまくやるには?

まぁ どうしたの
やおやの けんちゃんに ぶたれた…
けしからん!
バキ
ひとこと 言ってくる
すてき
話しがある
へいらっしゃい
特売 大根100円
こそこそ
大根一本ください
葉っぱは とってね
まいどっ
ずるっ

Q40 異なる価値観での摩擦

親同士のおつき合い

プラスチックのおもちゃを避《さ》ける、テレビ・ゲームは見せない、させない、砂糖の入ったお菓子は食べさせない…など、シュタイナー教育のような子育て、教育をしたいのですが、周りの子どもの親から「子どもがかわいそう」「子どもは本当はお菓子が好きなのに」と否定されます。相手の親を傷つけずに、うまく説明するにはどうしたらいいのでしょう?

A まわりの方に共鳴されるような暮らしぶり、在り方を

回答●大村祐子さん

まわりの方々にあなたの考え方や生き方、暮らしぶりを理解していただき、ひいてはその方々にも共鳴していただき、子どもに相応《ふさわ》しいもの、必要なものを与えるようになっていただく…そのためにできることは、二つ考えられます。

一つは、何を言われても「そうですね。あなたはそうお考えなのですね」と言って、にこやかにしていること。「そうかもしれませんね」と相づちをうち、決して相手の考えを否定しないこと、非難しないことですね。そして何があっても、穏《おだ》やかに、ご自分の生き方を貫くことですね。

「何も言わないけれど、きっと強い信念があって、ああしているんだわ」と、まわりの方々はきっと気付くことでしょう。

もう一つは…静かに、けれど凛《りん》として、あなたの考えを伝えること…。

こんなふうにお話しするのはどうでしょうか。

「いろいろ考えたんです。そしてこれまでもいろいろ試したんですけどね、このやり方がわたしたちに一番合っていると思えるのですよ。プラスチックのおもちゃを使うと、うちの子どもはとても痒《かゆ》がるんです。きっと、有害な物質が使われているのでしょうね。テレビゲームをした後は、ひどく無気力になって、ぼーっとしてしまうんですよ。甘いものを食べさせると必ず興奮して、ひどい状態になるのです。こんなことを経験したので、みんな止めました。子どもだから、お友だちが持っている物を欲しがることもあるんですが、その代わりになるおもしろい物を、わたしが探してあげればOKだし、甘いものも全然食べさせないわけではないのですよ。蜂蜜や黒糖《こくとう》を使ったものを食べさせているので、甘い物を食べさせてもらえないというフラストレーションはないようです。でも、もう少し成長したら、違ってくるかもしれませんね。そのときはわたしの考えをよーく話します。そして、彼の希望も少しずつ取り入れていきたいと思っているのですよ」

どうでしょうか。あなたが確固とした考えの基《もと》に、そうしていらっしゃるということを知ったら、共鳴してくださる方も現れるのではないでしょうか。一人、現れたらしめたもの！　その方が他の方に伝え、またその方が他の方に話し…というように、広がってゆくといいですね。あなたがあなたの信条に従って、他の方が「いいなあ」と感じる暮らしぶり、在り方をなさっていたら…それが百万のことばを費やすより、まわりの方々に理解していただく力になると思います。あなたがご自分でじょうずに伝えられないと感じていらっしゃるのでしたら、本を貸してさしあげたらいかがですか。

どんな人も何が良くて、何が良くないか、分かっているのだと思いますよ。けれど、わたしも含めてそれができなくて悩み、苦しんでいるのです。そして、あなたのように良いことができる人を「すごいなあ」と羨《うらや》ましく思うのです。人は自分ができないことをできる人を、特に非難、誹謗《ひぼう》することがあります。自分と同じように「できない」状態に引きずり込もうとすることもあります。そして、安心するのです。

あなたのように「できる人」は先駆者《せんくしゃ》として、「できない」わたしたちの非難に耐え、先を歩きながら正しく生きる姿を見せるという使命を持っているのだと思います。ご自分が選んだ道を違《たが》うことなく歩かれますよう、心より祈っています。

Q41 親同士のおつき合い モンスターペアレント対策は？

クラスの子どもの親に、「運動着は学校で洗濯して欲しい」など、理不尽な要求を学校の先生に出す、いわゆる「モンスターペアレント」がいて、その人のために、先生やクラスが振り回されます。見ていて、先生もかわいそうになってしまいます。一人の親として、何かできることはあるのでしょうか？

A 語り合い、グチをこぼし合える関係を広げよう

回答●尾木直樹さん

「運動着は学校で洗濯して欲しい」などというのは、とんでもない「ワガママ」で、「自己中心」そのものですね。

私は、ある教師のこんな話にも出くわしました。

ガラスを割った子どもの家に弁償依頼の電話をしたところ、翌日、朝一番にその子の母親が職員室に駆《か》け込んで来て抗議。

「うちの子はちっとも悪くない。そんなところに石ころを放置しておく学校側にも責任はある。

今日、私はパートの仕事を休んで学校に来たので、その分の休業補償をしてほしい」

これは実話です。ここまでくれば、これはもう「困った親」どころの軽い話ではありませんね。これっきとした〝モンスター〟そのものではないでしょうか。

さて、ここは素朴な北の地。親とのトラブルも深刻ではないはずと、たかをくって気楽な気分で生出演したあるテレビ番組の「モンスターペアレントって何？」というコーナーでのことです。キャスターの呼びかけに応じて、視聴者の女性から、早速電話が入りました。

「今度の遠足で、ある母親が、自分は忙しくて弁当を作れないので、先生がうちの子の分も作ってくれないかって頼むのです。〝どうせ先生だって自分のを作るのでしょう。だったらついでにもう一つ作ればすむこと。簡単ですよね〟と言うんです」

キャスターも私も、同時に尋《たず》ねました。

「ところで先生、作ったんですか」と。

もちろん、「いいえ」という答えを予想していたからこそ、たとえ「生番組」であっても、ストレートに尋ねたのです。

ところが、びっくりです。「作りました」と想定外の返事が返ってきたからです。一瞬、スタジオには何とも言いようのない緊張が走りました。思わず「どうしてー？」と聞くキャスター。

「だって、その子が、遠足に来られなくなるからー」

私は、激しいショックを受けました。

世間からはよく、困った要求をする親に対して学校や教師の対応が甘い、もっと毅然《きぜん》とすべきではないか、などと批判されます。ですが、この遠足の話から、私は、その「弱さ」の奥に潜《ひそ》む先生たちの揺《ゆ》れ動く心を知り、動揺しました。これは決して「弱さ」などではないと思いました。子どもたちに対する先生たちの悩める「愛の深さ」なのだと悟ったのです。

もう一人の女性教師の訴えも心に響きました。

「うちの子は活発なんだから、今度の運動会ではリレーの選手にしてほしい。祖父母も楽しみにして家族みんなで見物に来ますのでー」

こう要求してくる親に対して、先生はすでに決定済みなのでと、選手を変更することを断ったといいます。ところが、運動会当日、その子は来なかったというのです。つまり、親が運動会を欠席させてしまったのです。

本当にあきれを通り越して、憤《いきどお》りさえ覚えました。以前は、親が学校に対して「子どもを人質にとられているので思ったことが言えない」とよく言われました。ところが、今や立場は完全に逆転。学校が親に対して、「子どもを人質」にとられているので、親の要求をはねのけられないのです。親の代わりに弁当も作らざるを得ないところまで追いつめられているのです。

この運動会のリレー選手の変更要求を断った先生の考えは、全くの正論です。だれもがそう思うことでしょう。しかし、この先生、もしも来年また同じ要求を突きつけられたらどうするでしょうか。ひょっとしたら、「子ども人質」論から、要求を受け入れて、リレーの選手に選んでしまうかもしれません。これでは、先生はふり回されてしまいます。他の子への影響も甚大《じんだい》といわざるを得ません。

「どうすればモンスターペアレントを解決できると思いますか」という、私が市民対象にとった独自のアンケート調査には、「学校は毅然《きぜん》として対応する」という項目が37％もの支持を得ていました。一番多かったのは「親と教師の相互理解が高まるよう努力・工夫をする」（46・6％）、「親の子育てを孤立させない。地域に『たまり場』などのサポートセンターをつくる」（45・9％）でした。考えてみると、しごく当たり前の「解決策」です。学校と親、親同士の地域のあり方そのものが鋭く問われているといってもいいと思います。

文科省が提起している、先にあげた精神科医やカウンセラー、警察ＯＢ、教育委員会指導主事などからなる「学校問題解決支援チーム」は、あまり求められていません。むしろ、「あまり賛成できない」（26・6％）とする人が、4人に1人もいました。解決・支援してくれる専門家チームを求めているのではないようです。

現場の先生たちの苦悩は、目の前の〝モンスター〟にどう対処するのかではなく、それによって肝心の子どもたちに被害が及ぶことを心配するあまり、親に「毅然」とできないのです。教育愛に満ちた〝迷い〟こそが先生たちを一見、「甘く」させているだけなのです。

　せめて学級の中だけでもいいです。まずは親同士が仲良くなりましょう。メールだけでつながり合うのではなく、実際にフェイスツーフェイス（顔と顔を合わせる）の関係を少しでも広げることです。お茶菓子を持ちよってのおしゃべり会でも、趣味の集まりでも、親子レクリエーションでも何でもいいのです。

　実際に集い、グチをこぼし合える関係を築くことです。スーパーでばったり会ったときに、わが子にお弁当も作ってやれない厳しさを語り合える関係ができていれば、いきなり担任に作ってくれとお願いするでしょうか。学校への不満を発散できる身近な人間関係、受けとめてくれるやさしいコミュニティーをつくることではないでしょうか。

　モンスターペアレントの出現は、日本の地域コミュニティー崩壊の象徴でもあるのですから。

　また、親と先生が交流する機会を少しでも多く持つことが大切です。親と教師はお互いに〝子育てのパートナー〟なのですから。

Q42 PTAに疑問、これでいいの？

親同士のおつき合い

ＰＴＡのあり方に疑問を感じます。地域性もあるのでしょうが、役の押し付け合いになっていて、引き受けないといやな顔をされ、引き受けたら生活が犠牲になる程仕事が多い。ＰＴＡはそもそも、どうあるべきなのでしょう？

A 「踏襲《とうしゅう》スタイル」を脱却して「新たなスタイル」への提案を

回答●尾木直樹さん

ＰＴＡに対する苦情は全国どこも同じですね。

これには二つの理由があるのではないでしょうか。その一つは、皆さん本当に忙しくて、毎週のように学校に出かけられる条件に恵まれている人などめったにいないということです。

だれでも、ＰＴＡの存在意義はわかってはいます。ですが、そのためにわが家を犠牲にはできないのです。例えば、隣近所の方が介護しているお年寄りの面倒を見てくれるのであれば、話は別です。ご近所の力を借りながらでもやれます。

しかし、今日のように一軒一軒がカプセル状況で閉じて住んでいては、支え合いもかないません。となると、昼間たとえ働きに出ていなくても、年寄りが病気がちであるからと、断られてしまいます。また、高学年にもなると、できる条件を備えた人は、すでに経験済みです。あまり何回もお願いできないとなれば、これまた引き受け手がいなくなるのです。

もう一つの理由は、PTA活動そのものに魅力を感じられないといった、深刻な問題です。前年度の行事をほとんど踏襲《とうしゅう》するだけのなおざりな「行事PTA」であったりしてはいないでしょうか。これでは負担感のみ重く、とても引き受けてみようという気分にはなれません。

では、どうすべきか。現代にふさわしいPTAにするために見直したい。

一番大切な点は、運営のスタイルと内容です。

毎年同じ行事の「踏襲スタイル」を脱して、会員一人ひとりの要求に基づく「新たなスタイル」に転換することです。難しいことではありません。

まず、大きくは、PTA全体への要求を聞くことです。身近なところでは、学年や学級PTAに対する要望や期待、やってほしいこと、不安や不満、これを学校に要求してほしい、○○はやめてほしいなど何でもいいのです。とりあえず、会員一人ひとりの生の声を把握することです。そして、それらの声に耳を傾け、いかにして具体的に生かしていけるか考え話し合うことです。そういう改善を通してまず、学級PTAが身近なもの、自分にとって役立つものとして受けとめてもらうことができれば、「会員のためのPTA」として、少しずつ機能し始めることでしょう。

Q43 親同士のおつき合い
子どものつき合いに親が介在する場合

子どもが友達とケンカをして、ひどいケガをさせられました。これはあまりにも…と思ったので、相手の子の親に「こういうことがあったのですが…」と話すと、「そんなこと、うちの子がするはずがない！」と即答され、逆にうちの子どものことを非難されました。このように親が介在しないと難しい事件で、先方の親が溺愛《できあい》タイプの場合、どうしたらよいのでしょう?

A 本当は自信のない「逆ギレ」お母さん。余裕を持って接してあげて

回答●汐見稔幸さん

「自分の子は絶対に悪くない」と思っていて、子どもが非難されるとこのように逆ギレするお母さんというのはいるものです。そういう親の子に限ってわがままに育っていますし、親の前でいい子に振舞うため、反動で外で悪いことをする、それを親に対して隠している、というパターンがよくあります。

そういう親に対しては、すぐに全面的に相手の非を認めさせようとするよりは、「そういうタイプの人なんだな」と思って接することが大事です。

「ひどい怪我《けが》」というのが、包帯を巻いたり、ちょっとした手術をしなければいけないような怪我であれば、お子さんをその親のところまで連れて行って、お宅のお子さんは実際はこうなんですよ、と相手に見せることが一番です。それで、「子どものケンカとはいえ、これから一緒に遊ぶのが心配です」とか「ケンカはいいけれど、道具は使わないで欲しい」と言えば相手も反論できないでしょうし、少しは分かってくるかもしれません。

だいたい逆ギレするお母さんというのは外に対してはつっぱっていますけど、自信がない人が多いのです。それを人に知られたくないから、何か言われると「私は一所懸命やってるのに」とカーッと怒りますが、一所懸命やるというのは、親としての自信がないからなんです。うちの子どもがパニックしている、と認めてしまうと自分のやり方が否定されることになる。だから「絶対うちの子は大丈夫」と思い込んで、子どもを正当化している、というよりは、自分自身を正当化しているのです。

ですから、「この人はそういうタイプの人かもしれない」という見通しを持って接して、たとえ逆ギレされても、「ああ、この人は本当にかわいそうな人だな」と思えるくらいの余裕をこちらが持つことですね。また、その中で、こちらも誰かがキレて、「何よあんた、自分の子のことばっかり!」と言い合いになって、相手も泣き出してしまった、というようなことが起こると、意外とそこからいい関係ができる、ということもあります。

このように、最終的にはそのお母さんの本当の声、悩み、不安を誰かが聞いてあげるような状況ができないと本当には変わらないのです。「私、実はものすごくつらくて疲れてるの」とか、「どうやっていいか分からない」など、それまでの緊張の糸が切れて、本音を語れる人や場ができれば本人も周りも楽になっていくと思います。

当然、そこまでつき合う気はない！　という人が多いとは思います。しかしそうしたお母さんと接しているときに、こちらが逆ギレしないで、相手をじっと見つめて「あなたはどうしてそんなにイライラしているの？」とか「あなたもたいへんね、子育てに疲れているの？」などと本質的なところをつくようなことばを伝えると、たいてい急に態度が変わるものです。つまり、それほどやっかいなことではないことが多いということです。そうして、少しでも態度が変わってきたなと思ったら、今度は相手を非難するよりも「私だって苦労しているのよ。あなただけじゃないのよ」というような、人間としての共感を誘い出すような会話に切り替えていけばよいのです。

こちらの度量が大きいほど相手は逆に、この人なら本音を言ってもよいかも知れない、と思うようになるものです。そういう関係づくりを一度はめざしてほしいということです。もちろん、それでも全く態度が変わらないようであれば、以降のつきあいはやめるようにした方が、こちらのメンタルヘルスを保つ上で大切です。そこは常識的に。

Q44 親同士のおつき合い 子どもの友達とその母親を好きになれない

子どもには仲の良い友達がいますが、その子のお母さんはうわさ好きで、私はあまり気が合わず、彼女を好きになれません。そのせいもあり、その子のこともかわいく思えないのですが、子ども同士が仲良しなのでよく家にも遊びに来ます。このような感情の中の私、どうしたらよいのでしょうか。

A 無理に踏み込まず、上手な距離をとる

回答●内田良子さん

子どもの友だちの親が好きになれない、というのはあり得ることですね。逆に、親同士は合うけれど、子どもたちが仲良くない、また、妻同士は付き合いがあるのだけど、夫は仲良くないという場合もあります。皆さん、その違いを自覚し、折り合いをつけてやってらっしゃるのではないでしょうか。

このような場合、親は親、子どもは子どもで別人格ですから、ある一定の距離をおいて子ども同士の付き合いに任せるということが一つ。その子のことを可愛く思えないというのも、人間の

感情ですからあって自然だと思うのです。

「私はこの子の親が苦手で可愛く思えないんだ」ということを自覚していればいいのではないでしょうか。ただ、邪険《じゃけん》にしない、ということだけ気をつけて下さい。

子ども同士が仲良しでよく家に遊びに来るのだったら、子どもが友だちを連れて来たときに親にどういうことをして欲しいのか、子どもと話しておけば良いわけです。おやつを出して、ということならおやつを出す、「お母さんがお夕飯の時間に声かけたら今日はお開きにしてね」と、お母さんの希望も伝えて、お母さんと子どもの間で接客のルールをつくっておくことです。

子ども同士が仲良くするためには親同士も仲良くならなければ、という定説も流れているようですが、そんなことはまったくありません。

あとは距離のとり方次第です。「友だちのお母さん」という控えめな位置を保って、挨拶を交わす程度で良いわけです。家に来たときには「いらっしゃい」は言うけど、「さようなら」のときに、「またどうぞ」とは言わないとか（笑）、その辺のところで落とし前をつけてみたらどうでしょう。

子どものお友達だから、と親は一歩踏み込もうとしてしまいがちですが、逆にわずらわしがられたり、うっとうしがられたりするものなので、好きになれないから一歩引く、というのは結構良い関係づくりなのではないかと思います。

7章

お金・ゲーム・インターネット

大切なこと

Q45 お金・ゲーム・インターネット

裕福な友だちをうらやむ我が子

子どもに「うちは豊かでない。だからあまりお金がないんだよ」と言ったら変に気をつかったり遠慮するようになり、また大きな家に住む友達を羨《うらや》ましがるようになりました。日本の社会で拡大する経済格差をどのように伝え、私自身も受け止めたらよいのかわかりません。

A 自分なりの経済感を育て、ていねいに伝えることから

回答●大村祐子さん

あなたのご質問を整理しました。ご質問は四つありますね。一つはあなたのご家庭が裕福ではないということを伝えたら、気をつかったり遠慮するようになったお子さんにどのように接したらよいか、ということ。二つ目は、裕福な友だちを羨《うらや》ましく感じているお子さんの気持ちをどのように変えたらよいか、ということ。三つ目は経済格差がひろがる日本の社会の状況をお子さんにどのように伝えたらよいか、ということ。そして、四つ目はそのような現状を、あなたご自身がどのように理解し受け止めたらよいか、ということですね。

一つ目は、「贅沢《ぜいたく》はできないけれど、ありがたいことにお父さんが一所懸命働いてくれている

ので（あなたも仕事をしていらっしゃるのでしたら、勿論《もちろん》あなたも含めて）、家族みんなが困らずに暮らしていくだけの収入は十分あるのよ」と心をこめて伝えたらよいですね。そのとき大事なことは、あなたご自身が心底そのように考えているということです。それから、「贅沢《ぜいたく》はできない」ということを、具体的に示してあげたらよいと思います。「これは必要だから買いましょう。それだけのお金はあります。これはわたしたちの生活には必要ないから買いません」というように、あなたとあなたのご家族に必要であり、かつふさわしい物を具体的に示してあげると、お子さんにとって考えるヒントになると思います。

二つ目は、人にはそれぞれ役割があるのだということを話してあげて下さい。人はだれでも生まれて来る前に自分で決めた役割を持っていて、その役割を果たすために必要なものが与えられる環境に生まれて来るのだということ。だれもが完全な人間でないのと同じように（お母さんはお掃除が得意。おばあちゃんはお料理が得意。お父さんは庭仕事が得意…というように）、それぞれの家族にも与えられているものと、足りない物があるということ、を具体的な例をあげて話してあげたら良いですね。

わたしは子どもたちにこんなふうに話しました。「十分にあるものは人に分けてあげ、不十分なものは努力して補うことが必要なの。あなたがわたしたちの家族として生まれて来たのは、わたしたち家族がみんな持っているやさしい気持ちを、まわりの人に分けてあげるためなのだと思うわ。けれど、わたしたち家族には「勇気」が足りないかもしれない。だから、一緒に心に「勇気」を育てましょう！」と。

三つ目は、あなたご自身が、経済格差が広がる日本の現状をどのように考えるのか、ということを明確にされることが大切であり、必要なことだと思います。わたし自身は、経済格差は「人は競い合って優れた者が勝つ。勝った者は能力と努力に見合うだけの収入を得、豪華な生活、楽な生活をする権利を持つ」という競争原理を基本とする生き方を是とは考えていません。「人は一人ひとり違っている。それは…持てるものを他者のために使い、持たないものは他者の助けを乞《こ》う、そして感謝する…生き方をするためである。こうして人は互いに助け合い、支え合うのだ」と考えています。そして、そのような生き方をしたいと考えています。

ですから、今、日本の社会が目指している道は、わたしが目指している道とは違うのです。ただ、だからわたしが正しくて、競争して勝ち抜いていく生き方を選んでいる人が間違っていると考えている訳ではありません。人はそれぞれ信条を持ち、それに従って生きているのですから。ただ、わたしはわたしが選んだ道を進んで行きたいと考えています。それは、ルドルフ・シュタイナーが示した「社会三層構造」の考え、つまり〈精神の自由〉と〈経済の友愛〉と〈権利の平等〉の考えに基づいた社会生活を営みたいと願っています。そのために「ひびきの村」をスタートさせました。

もう一度繰《く》り返しますが、わたしはどんな場合でも、どんな局面でも人が「競い合う」ということは、絶対に必要ないことだと考えています。ここで詳しくお伝えすることはできませんが、「競い合う」ことには「百害あって一利無し」と考えています。「競い合う」ことは、人の心を蝕《むしば》み、荒廃させ、損《そこ》なうばかりです。

あなたのお子さんが小学校の高学年でしたら、このような考えも理解できるでしょう。経済生活に関するあなたのお考えを、ぜひ、伝えたら良いと思います。

四番目の、あなたご自身が、日本の社会に広がりつつある経済格差をどのように受け止めたらよいか…それはご自分でお考えくださることが必要だと思います。もし、参考にされたいようでしたら、ルドルフ・シュタイナーの「社会生活」に関する著書をお読みください。わたしにとっては文字通り「目から鱗《うろこ》」というような、真理そのものと思われる彼の考えに触れたことは、わたしが後半の人生をどう生きるかということを決める、大きな力になりました。

そうそう、お子さんとご一緒にあなたの家族が持っている「宝探し」をされたらいかがでしょう？　お子さんの不安な気持ち、必要のない気遣い、他を羨望《せんぼう》する気持ちがきっと払拭《ふっしょく》されますよ。

Q46 お金・ゲーム・インターネット
お金教育、どうすべきですか?

世の中、競争、二極化、勝ち組、セレブ、などという言葉がテレビや雑誌でもてはやされ、「お金で買えないものはない」という言葉を発する人がいたり、世の中全体がお金至上主義・拝金主義に走りすぎているように感じます。子どもたちにお金のこと、大人になってお金を稼ぐことをどのように教えるとよいのでしょうか? 早いうちに教えておくべき、本当に大切なこととは何でしょうか?

A 親から語り伝えたい二つの大切な教え

回答●汐見稔幸さん

少し前にインサイダー取引事件で、「金儲《もう》けが悪いことですか」と言って逮捕された人がいましたが、誰かが「悪い」と言ってあげなければいけませんね。お金を誰かがたくさん持つということは、本来、いろんな人のところにできるだけ平等に分配されるべき幸せになる権利を誰かが独占しているということで、それは決していいことではありません。金儲けはいいんだとか、金儲けは大事だ、という価値観は本来人生の目的として持つべきものではない、と思うべきだと思います。

いい仕事をして、その結果としてお金が入ってくる。それはいいのですが、お金儲けを人生の目的にしてしまったら、もっと儲けたい、人をだましてでも…と、金を儲けるためには何をしてもいい、ということにしばしばなってしまうからです。

当然、お金は生きていくうえで大事なものですから、ちゃんとした労働に対して、ちゃんとしたお金を要求することは堂々とやっていい。でも、金儲けをすることが人生で一番大事だ、というような価値観だけは持ってはいけない、それよりも人生には大事なことがある、ということを親は言わなければだめです。この二つは矛盾することではありません。

何か欲しいときに欲しいものが買えるのはいいことかもしれない。だけど何でも買ってパッと手に入ってしまったら人生の崇《たか》い喜びは得られない。簡単に買えないから、一所懸命努力したり、手に入れようと工夫したり、手作りする。それが実は人間をもっともっと豊かにするわけです。その結果得られるものは、買って得られる喜びの何倍も大きいことがあるんだよ、と折りに触れて伝えることです。「お金があれば幸せが大きくなるなんて、そんな単純なものじゃないよ」「金儲けのために生きるなんて、この人はダメになるに決まってるね」「人生で一番大事なものはお金じゃないんだよ」と、親は繰《く》り返し繰り返し言わなくてはいけないと思います。

人間は本来、自分が何かやってあげたことで誰かがすごく喜んでくれたとか、私が生きてることが誰かの役に立ったということが喜びであるという存在です。あるいは人間を育んできた大きな自然、自分達を生かしてくれている自然とどれだけ深くコミュニケーションできるのか、まじわえるのか。自分の中の自然との対話ができたり、今年もきれいな紅葉がまた来たなあということに感動する、小学生にはまだ分からないかもしれないけれど、そういうことが実は人間が生きている上での一番深い喜びであって、お金で買えるものではないのです。

今の社会は、そういうことが語られないですし、そういうことを言うと「クサい」と感じられてしまうようになっていますから、語り方は難しいかもしれないですが、折りにふれて「いい仕事をすればお金は入ってくる」「でも金儲けを一番大事にして生きたら人間はだめになるよ」ということだけは、親がきちんと言うべきでしょう。

僕の家では特にお金教育をしたことはありません。結局、子どもは親の毎日の生き様から、人間にとって何が大事なことかを見て育ちますから、みんなと集まって楽しくわいわい食事したり…そういうことを大切にしてきたつもりですけどね。

最近は、小学校からお金教育をしなければいけない、といろいろな講座などが開かれていますが、お金より大切なことがある、という哲学が前提にあって、与えられたお金の中でそれをどう上手に使うかという市民教育ならいいのですが、株とか、金儲けのためにはいろんなやり方があるんだ、ということだけの教育だったらやめて欲しいと思います。

Q47 お金・ゲーム・インターネット 携帯電話、インターネットとのつき合い方は？

防犯のため、と携帯電話を持つ子も増えていますが、携帯メールによるいじめが問題になっていると聞いています。また、インターネットも、匿名《とくめい》の書き込みやネット上でのいじめなど、その弊害《へいがい》が心配です。そもそも、携帯電話やインターネットを小学生が使う必要は本当にあるのでしょうか？　また、エスカレートする携帯電話やネットへの書き込みで行われるいじめに対し、親として何かできることはあるのでしょうか。

A 弊害《へいがい》や依存性を知って、与えるのは慎重に

回答●魚住絹代さん

「もう、みんな持っているでしょう」「子どもがほしがるし」「子どもの安全確認のため」というような理由で携帯電話を子どもに持たせているご家庭が多いようですが、NTTドコモモバイル社会研究所の調査（平成17年3月）によると、小学生で携帯電話を持っているお子さんは、24・1％でした。少なくとも、「みんな持っている」という印象とは、違いますよね。けれど、お友達が持っていると、「みんな持ってるし」「私もほしい」と思うのが子どもです。子どもにとって

は、自分の身近なことがとても重要で、それがすべての世界のように思えるのです。

けれど、だからといって買い与えるのは、慎重にしなければなりません。一度買い与えると、子どもの世界がそれまでと180度変わってしまうほどの覚悟が必要です。それは同時に、保護者の責任がより重く、指導が難しくなることを意味します。

では、実際に携帯を持つことで、どういうことが変わってくるのでしょう。

まず、プラス面では、すぐに居場所がわかるので安心、連絡が取れるので便利ということがありますです。ですが、そのプラスも表裏一体で、マイナスになることも。たまたま電源が入っていなくて連絡が取れないと、何かあったのではと、不安になって仕事や家事どころではなくなったりということもよく耳にします。また、すぐに連絡が取れることが当たり前になりすぎて、待つことに苦痛を覚えるようになったり、イライラしやすくなったり、思ったことをすぐにぶつけたりと、忍耐力や人への配慮が弱くなることもあるのです。人間は、与えられた環境で知らず知らず変わることを理解して、気をつけて育てていかなくてはいけません。

また、機能的な面では、よく言われるところの電磁波《でんじは》の問題です。耳に当てることで、聴力や脳への影響があると言われていますが、小さいお子さんほど影響を受けやすいことを知っておく必要があります。小学生の子どもは、まだまだ身体も脳も未発達です。まだ、研究途上の分野ですが、長時間の利用で脳腫瘍《のうしゅよう》の発生や生殖機能の低下を警告する意見もあります。保護者は、こうした弊害《へいがい》から子どもをどう守るかを考え、早い時期から利用することについて、慎重に対応しなければなりません。

携帯電話やインターネットはコミュニケーション面での弊害や依存性があることも、ぜひ知って対応しましょう。思春期前期の小学校高学年は自分と他人との違いに目覚める時期で、遊びにも男女差が出始めます。女の子は対話を好み、特定の友達を求めるようになります。本当は本音を話せる友達がほしいけれども、今の子どもたちはコミュニケーション能力が弱くて、なかなか成熟した関係になりにくいのです。全人格を傾けて遊ぶような場面が減ってきているからですが、自分の思いにこだわりやすい傾向があり、人と自分が違うというだけで違和感を感じたり、違いが受け入れられず攻撃したりします。いじめもこうした延長線上に起こっているのです。

そうした中、学校や友達が、自分を傷つける、居心地悪い場や存在に思えてしまうのです。以前ですと、それでも現実の友達関係に向き合う中で人付き合いを学んでいけましたが、今は違います。むしろ、現実の不快さを忘れさせてくれ、思い通りに操《あやつ》れる携帯電話やインターネット、ゲームなどのバーチャル世界の方が、身近な存在になっています。

学校で傷つけられる子、うまく友達とつながれない子、家庭で寂しさを抱えている子は、こうしたバーチャルな世界にのめり込みやすいのです。そんな中、寂しくて活動性の高い女の子は、自分を振り向いてくれる異性を求め、次から次へとメルトモを作るのに夢中になりやすいのです。

2005年度に東京・大阪・長崎の中学校の生徒とその保護者4762人を対象にメディア利用の状況と認知などへの影響に関するアンケート調査を行いました。その結果、メールを利用しているのは圧倒的に女子に多く、一日50通以上やりとりする子は、全体の約一割でした。また、メールをよくやりとりする子は、あまりしない子に比べ、家族よりも友達や他者を求める傾向が強いこと、その一方で、やりとりする数が多いほど、友達になったり、絶交したりが激しい傾向が認められました。メールをよく利用する子では、幼少期にかまってあげられない時期があったと保護者が答えている割合が高いことや、子ども自身「親にわかってもらえていない」「ほめられるより叱られる方が多かった」と答えている割合が高かったことから、親からの愛情不足が家庭的な背景としてあることが認められました。高学年になると、家庭よりも、友達や異性に居場所を求めるうち、常にメールをやっていないと落ち着かない携帯依存症になり、甘い言葉に誘われて家出をしたり、性被害に遭《あ》うこともめずらしくない時代になっています。

また、ご質問にもあったように、バーチャル世界の匿名性《とくめいせい》から、現実場面でのうまくいかない不遇感《ふぐうかん》をネットやメールを使って、攻撃したりということも起こりやすくなっています。プロフ（自己紹介サイト。プロフィールの略語）や掲示版に裸の写真（合成写真）を載せて中傷されるといったような、一生深い傷を負わされるようなこともめずらしくありません。

今、子ども達の周りでは、家や学校にいながらにして、こうしたとんでもない事態が起きています。そんなバーチャル社会の危険から、子どもを守るためには、どうしたらよいか。

まず、家庭だけで守るのは難しいです。学校と保護者、地域で話し合い、子どもにいつから携帯を持たせるか、持たせるとしてもどのような機能がついたものが必要で、どのようなルールが必要かといったことを決める必要があります。ぜひとも、フィルタリング（有害サイトアクセス制限サービス）の利用と、学校と家庭でのきちんとした管理（学校に持って行かない、必要なら預かる等）をおすすめします。子どもにとっては、身近な同年代の子がどうしているかが重要です。その枠内でみんなが同じ物を同じように使っていれば、安心して付き合っていけるのです。

また、買い与える際は慎重にする必要があります。家庭内でのルールを決め、中傷メールや依存症などの弊害についても教えましょう。変なメールには返信しない、何かあれば親や大人に話す、依存の症状が現れたら休むなど、決めておくといいでしょう。こうした話題からも、親子のコミュニケーションを図る機会にしていかれるといいですね。

いつの時代も大事なことは、親からの愛情です。子どもは、親に見守ってもらえている、愛されていると感じられて初めて、安心と信頼を得ます。この安心と信頼こそが人とつながる力になり、それは、そのまま安心できる居場所になります。愛情ある見守りと居場所があることが、心の防壁《ぼうへき》となって、子ども自身に自分を守る力となることを、ぜひ知っていただきたいです。

Q48 ゲームがないと仲間はずれ？

お金・ゲーム・インターネット

テレビ、パソコン、ゲームなど、家ではほとんどやらない、見せないように子育てしてきました。が、学校の友達と話が合わず、友達づきあいにも影響がでているようで困っています。また、本人もとてもやりたがり、いつも親子ゲンカになります。友達づきあいのことを考えると、少しは許したほうがいいのでしょうか。どこまで自分の考えを貫くべきか、周りとの折り合いのバランスが難しいのですが…

A 親の思いをていねいに伝えて、納得のいく話し合いを

回答●魚住絹代さん

メールの件でもお話ししましたが、子どもは自分の身近な世界のことが優先されるので、友達が持っているというだけで、不遇感《ふぐうかん》を感じてしまいやすいものです。そういった意味で、家庭だけで遊びの環境を守るのは、本当に難しい時代になっていますね。

東京都狛江《こまえ》市の某小学校では、けん玉やコマ、あやとりなどで遊ぶことを推奨《すいしょう》しているそうです。子どもたちは、ゲームをほしがるわけでもなく、家に帰ってもけん玉やコマ遊びに熱中する

そうです。親がテレビをつけていたら、「うるさい」と、消すほど。学校では、わからない子には教え、競争しては勝つことの喜び、負けることの悔《くや》しさを日々、体験しているようです。

子どもは、どんな時代になっても、身近な枠組みの中で順応して育つことを、改めて教えさせられる気がします。そういった意味でも、子どもが育つ環境作りを私たち大人が真剣に考えていく時代になっているのだと思います。小さい頃から、幼稚園、保育所、学校と地域、保護者が話し合ってコンセンサスを作っていく必要がありますね。

その実現には、時間とパワーが必要です。現段階の問題として、ご質問にあった対応については、よく悩まれるところだと思います。

家庭の方針で、親子ゲンカになるとのこと、これは子どもが家の方針に不満を抱いている上に、友達と話題が合わないことで、より不遇感を募《つの》らせていることが伺《うかが》えます。親御さんの中には、そんな子どもの訴えに、つらい思いをしているのならと気持ちが揺《ゆ》れて、子どもの要求に合わせる方もいらっしゃるかもしれません。ですが、長い目で見守ることが大事です。実は、お子さんの中には、「うちは、ゲームを買い与えないという親の考えを貫いてくれたおかげで、ゲームに大切な時間を奪われることなく、スポーツやいろんな趣味に打ち込むことができ、仲間はずれされることもなく、多くの友達もできた」と、感謝している子どもさんもいます。どうしたら、子どもも不遇感を感じないで、安心して貴重な子ども時代を過ごすことができるのでしょう。

大切なのは、子どもと親とが向い合ってよく話し合うことです。なぜ、買い与えないのか、見せないのかについては、親の考えを子どもに納得いくように伝え、愛情を注いで子どもの関心を大事に見守りましょう。子どもがやりたいと訴えてきた場合は、なぜ、やりたいのかをじゅうぶんに聞いてあげた上で、親の思いを改めて伝え、どうするかを話し合ってください。その際、親の意向を押しつけるのではなく、子どもの意向を尊重しつつ、予想される危険についても伝え、どう付き合うか考えさせることです。使用する（買い与える）場合は、使用する時間や場所など、家庭でのルールを決めるとよいでしょう。

大事なことは、思春期以降の子どもには、自立に向けた関わりをするということです。自分のやり方を伝え、話し合って決めたことを責任をもって実行する。そんな自分を信じて見守ってくれる保護者に子どもは、安心と信頼を得て自立する力を培《つちか》っていきます。

低学年までのお子さんの場合は、親のしつけの部分が大きいです。ゲームやテレビ時間、早寝、早起きなどの生活リズムだけでなく、食事を家族と共に取って楽しい団らんの場にする、などといった関係を大事にする日々の積み重ねが、のちの子どもの安定した生活習慣につながっていきます。

Q49 お金・ゲーム・インターネット ゲーム大好きは危険？

子どもはテレビゲームに夢中。外で遊ぶことはまったくせず、1日4時間近くテレビゲームに向かっています。脳の発達に問題があると聞くのでやめさせたいのですが、どうすればいいでしょうか？

A 依存症になる前に、明確なルール決めを

回答●魚住絹代さん

お子さんは、おいくつでしょうか。小学校低学年までの小さいお子さんですと、ゲームの刺激に熱中してやめられなくなっているのかもしれませんね。脳もやわらかい分、発達により重大な問題を抱えてしまう恐れがあります。小学校高学年以降のお子さんですと、学校での友達関係がうまくできないなどの寂しさや何らかの不遇感《ふぐうかん》から、ゲームを居場所にしてのめりこんでいる可能性があります。いずれにせよ、1日4時間という時間は、重度の依存症になっていると言えるでしょう。

先述しました、2005年度に行ったメディア利用の状況と認知などへの影響に関するアンケ

ート調査によると、依存が疑われるレベルにあったのは、ゲームやネットを利用する子の8・2%（生徒全体の6・9%）でした。重い依存が疑われるレベルにあったのは、ゲームやネットをする子の約2・0%（全体の1・7%）、予備軍が16・5%でした。

依存症になると、次のような症状が現れます。

時間を決めているのに守れない、夜遅くまで起きていたり朝起きられなくなったりする、学校のことがおろそかになる、しないとイライラして落ち着かない、家族や友人よりゲームを優先する、何事にも気力がなく、興味ややる気がわかない、していることをごまかしたりウソをついたりする、やめさせようとすると暴言、暴力を振るう、ぼんやりして集中力がない、成績が下がる、現実よりもメディアの方が大事、身体への影響（頭痛や視力低下、運動不足など）。

また、ゲームを1日4時間以上やる中学生は、その過半数が幼稚園や保育園の頃にゲームを始めていたこと、中学であまりゲームをしない子は、小学校入学後にゲームを始めた子の割合が高いことがわかりました。中学生で1日4時間以上ゲームをやっている子を見てみると、小学校時代に長時間ゲームに耽溺《ちんでき》していた子が多く、ゲームをあまりしない子は、小学校での利用時間が短かったのです。このことより、開始が早く、利用時間が長いほど、のちのちにまで影響があることがわかりました。

また、ゲームやネットの利用時間が長くなればなるほど依存症状が現れる危険が急激に高まることも明らかになりました。１日２時間を超える利用時間で依存の症状が増え始め、３時間を超えるとその割合が急激に高まって、約半数に達します。

何より、毎日のゲーム利用が遊びや勉強など、貴重な子ども時代の体験の時間を奪ってしまっていることが問題です。今後社会で生きていくために必要な社会性を身につけるチャンスを逃してしまうからです。

最初にルールを決めてやらせることが大事ですが、すでに依存してしまっている子には、「今さら」感があるでしょう。無理にやめさせようとすると、小学校高学年以上のお子さんは、居場所を奪われたと思って暴力を振るったり、関係が悪化する可能性があり危険です。

テレビゲームには、依存性があることを話し、自分が依存していることを自覚させ、どう付き合っていったらよいか話し合いをしてください。１日１時間、リビングでやるなど、改めてルールを決めて、ゲームとの付き合いを仕切り直すことが大事です。

一度依存すると、時間がかかりますが、じっくり向き合って、現実の関係や体験を取り戻すことを心がけてください。

Q50 お金・ゲーム・インターネット
テレビとの上手なつき合い方は？

うちの子は、放っておくといつまでもテレビに釘付《くぎづ》けで、休みの日など1日6時間以上テレビを見ていることもあります。テレビは1日何時間くらいにすべきでしょうか？　子どもとテレビのよい関係について、教えて下さい。また、自分の部屋にテレビが欲しいと言いますが、与えてもいいものでしょうか？

A 子どもの生活を変えるテレビ。つき合いは慎重に
回答●魚住絹代さん

子どもというのは、見たいものを見たいだけ、食べたいものを食べたいだけ、やりたいことをやりたいだけやりたいものです。好奇心が旺盛で刺激に弱く、放っておくと、いくらでも楽しいことにのめりこむでしょう。

テレビも同じで、ある程度枠が必要になってきますね。3メートル以上離れて見る、1日2時間まで、夜は9時までに寝るなど、決めて付き合う必要があるでしょう。また、子どもが見ていい番組、いけない番組というのも、親が線引きをすることも大事です。

子ども部屋にテレビを置くというのは、これらの枠がすべてなくなることを意味します。無制限にテレビを見ることも起こってくるでしょうし、親の目の届かないところに子どもの関心も向かっていくでしょう。生活リズムが乱れ家族の会話も減り、勉強や友達、学校のこともおろそかになっていく可能性があります。一度枠がなくなると、制限することは並大抵ではありません。

2004年度の文部科学省の「子どものメディア接触と心身の発達に関わる調査・研究」によると、テレビを子ども部屋に持っている小学校高学年生は、全体の28・2%で、女子より男子に高い傾向にありました。ゲームでは、48・7%の男子が子ども部屋に持っていると答えています。私が行った調査でも、ゲームをやるのは、圧倒的に男子が多い特徴がありました。

文科省の調査では、9時前に寝るのは、小学4年生で4分の1、6年生になると1割に減り、その原因はほとんどがメディア接触であるとの結果でした。

不登校の子では、専用テレビを持っていると、自分の部屋で1日中テレビやゲームをして過ごしやすい傾向があります。部屋にこもり生活が昼夜逆転するうち、ますます現実回避を強め、本格的なひきこもりになっていくことも多いです。

子ども時代の生活リズムとさまざまな現実の体験は、これから社会で生きていくための基礎体力となります。「子どもがほしがるから」「新しいテレビを買ったので古いのが邪魔《じゃま》になって」という理由で安易に子ども部屋にテレビを置くのは、考えものです。

Q51 学校教育へのゲーム機導入は？

お金・ゲーム・インターネット

最近一部の中学校で「ニンテンドーＤＳ」を使って英語や計算の授業をするところがあるようですが、これに対して異和感を感じています。小学校に導入されたら？「音声を聞き、単語を目で見ながら、直接手で書き込めるので、リズミカルに楽しく英単語を覚えられる」、「楽しみながら計算ができる」と、その効果を調査している大学の教授などは話しているそうですが…？

A 本当の意味での学力向上は疑問

回答●魚住絹代さん

テレビ番組の中で取り上げられているのを私も見ました。導入して間もなくの頃だったと思いますが、子ども達は、集中して英単語を覚えるＤＳに取り組んでいましたね。日頃使い慣れているゲーム機を手に勉強できるので、馴染《なじ》むのも早いし、音声に励まされながら楽しく単語を覚えられる、いったん集中した状態から授業に入れる、家庭でもＤＳを使って単語を覚えたり、計算できて効果が上がっているというメリットを紹介した内容だったと思います。

確かに、単純な記憶や機械的な計算などには有効かもしれません。しかし、一時的な学習能力が上がっても、それが本当の意味での学力が上がることにつながるかは、はなはだ疑問です。ツール（道具）が発達すれば、学力が上がるのであれば、今はパソコンやネットなど多種多様なツールが子ども達の身近にあふれる時代です。もっと上がっていておかしくありません。ですが、現実はご承知の通り、どんどん日本の子ども達の学力は低下して、問題になっています。

導入当初の新鮮な時期は効果があるでしょうが、慣れると低下するのは、これまでの常で、慎重に検討する必要があると思います。

子ども達にとって大事なことは、ただ知識を早く身につけさせるのではなく、思考を鍛《きた》えることだと思います。将来、会社で働くにせよ、何かを作るにせよ、教科書すらないところから自分で考え、学び、身につけていかなくてはいけなくなるのに、機械に頼らなくては覚えられない、自分では学べないようでは、社会に通用する人材にはなりえません。機械によって学習されたマニュアル人間では、日本の産業の発展も厳しいと言えるでしょう。

先ほどのコマ遊び（p172参照）にも通じるかもしれませんが、片やDSが導入される一方で、小学生に辞書を与えて辞書を引く取り組みがブームになっています。引いた箇所に付箋《ふせん》をつけ、一年間で何千語も覚える子もいると言います。問題にぶつかり、自分の頭で何をどう見つけていくか考えながら、自分の手を動かして辞書を引く。調べる喜び、発見するおもしろさが、本当の応用の利く学力となって身についていくのではないでしょうか。

子どもたちの人付き合いや社会性を育てるためにも、体験遊びが見直されていますが、体験の重要性は遊びだけではなく、学習においてもいえます。「子どもが喜ぶから」と刺激のあるゲームで関心をひいたり、単に知識を身につけることに着眼して教材を開発していては、子どもの思考力や内面の発達、本当の学ぶ力を育てることは不可能でしょう。

ゲーム世代の集中力が落ちているから、真新しいゲーム感覚の教材なら関心をひけるというところに目をつけて、ゲームで学習能力を身につけさせようという発想は、歩かないから歩けなくなった子どもに、人工筋肉で補強して歩かせようと考えるようなものです。本来鍛《きた》えることで強くなる筋肉を、どんどん弱らせていくでしょう。計算機を使って早く計算できるようになったと喜んでも、計算機がなくなると、何もできなくなるようでは、本末転倒です。

本当の意味で、子どもを育む教材とは何か。便利になってすぐわかる、簡単にできるようになった時代だからこそ、見えないところを考え、自らの手で探る、応用の利く学習能力がより重要になっているのだと思います。

8章

からだ・性教育

何をどこまで、家庭の中で

Q52 からだ・性教育
食べ物の好き嫌いが多いので困っています

食べ物の好き嫌いが多く、特に野菜や果物がダメです。好きなのは肉とカレーライス、あとはお菓子。このままでは片寄った栄養バランスになるのではと心配。かといって、無理に食べさせたり、我慢させすぎるのもどうかと迷います。体によいものを喜んで食べてくれるにはどうしたらよいのでしょう？　また、添加物など、注意すべき食品についても教えて下さい。

A 食べ物に「関わる」ことから始めてみて

回答●はせくらみゆきさん

好き嫌いの偏《かたよ》りをなくすには、まず自分で作らせてみてはいかがでしょうか。誰でも自分で作ったものには愛着が湧《わ》くものです。我が家では、たとえば、レンコンを自分で切らせて、子どもたちが見ている中で軽く揚《あ》げてレンコンチップスをつくったり、簡単なものでは、お麩《ふ》を切らせて、ちょっとバターで炒《いた》めて黒砂糖をかける、また、ギョーザの皮にチーズやチョコレートを少量入れて揚げたりして作っています。そうすると市販のポテトチップスやスナック菓子などよりもずっとおいしいですから、子どもたちもよく食べますし、食べても安心です。今でも息子たちは自分でお菓子を作って食べています。また、「食べ物に関わる」という意味では、ニンジンでもトマトでも、とにかく自分で育ててみる、または作っているところでとって食べてみたりすると、その野菜の本当の甘味やおいしさも分かって、食べ物に対する気持ちが変わると思います。

ただ、それでも友達の家に遊びに行ったりして影響を受けることはあります。うちでも一時期、息子がチョコレートをとても食べたがった時期がありました。私に怒られると思って、隠《かく》れて食べるほど。私は、これは止めても無理だなと思ったので、どうぞ徹底的に食べなさい、という感じで無理には禁止せずに、その様子を見守っていました。2ヶ月ほどすると、本人が「口の中がベロベロする」と言い出して、自分からピタッと食べるのをやめました。

「ダメ」というと余計に食べたくなるけれど、※ジャンクフードは味も濃いですから、たくさん食べれば自然に「もういいや」となるのではないでしょうか。その息子は今では「チョコ？ 甘すぎていやだ」と言って食べたがりません。（※高カロリー、低栄養価のインスタント食品・スナック菓子など）

我が家ではお菓子も手づくりでしたから、子どもがあるとき、「お菓子の袋をビリビリって破って開けてみたい」と言い出したときもありましたが（笑）、そんなときも、無理に止めないで、せめて生協や自然食品店のものを、というようにしていました。

ジャンクフードは、食べてもいいのですが、うちではその前におにぎりを食べさせます。朝ご飯の後、残ったご飯で小さめのおにぎりを作ってしまって、置きっぱなしにしておくのです。そうすると、子どもたちが学校からお腹がすいて帰ってきて、まずおにぎり、その後おやつです。おにぎりは腹持ちもいいし、お腹が落ち着きますから、必然的にお菓子の量も少なくなりますしね。それにおにぎりがあると、飲み物がジュースではなく自然と「お茶」になりますし、いろいろな意味でおにぎりは特別な存在です。

体によいものに関しては、「※マゴワヤサシイ、あるかな」と食べるときにいつもやるようにしています。（※：マ＝豆、ゴ＝ごま、ワ＝ワカメなどの海藻類《かいそうるい》、ヤ＝野菜、サ＝小魚、シ＝しいたけなどの菌類、イ＝イモ類）体によい食べ物が子どもたちにも楽しく覚えられますし、最近では「豆がないよ」とか逆に子どもから指摘されたりするくらいです。

同時に、子どもが食べたいメニューで、あまり身体にはよくないものとして、「※オカーサンハヤスメ」の例をよく出していました。（※：オ＝オムライス、カ＝カレーライス、サン＝サンドウィッチ、ハ＝ハンバーグ、ヤ＝焼きそば、ス＝寿司、メ＝目玉焼き）。もし、それらをいただくときは、スープやサラダ、常備食のおかずなどをふやして、なるべく「ワンプレートディッシュ」だけにはならないように、話していました。

また、普段の食事で一番大切なのは「食べ物をよく嚙《か》むことなんだよ」といって、食事前によく歌を歌ってからいただいていましたよ。「漕《こ》げ、漕げよ…」の替え歌で、

「よーくーかめよ。かめ、かめよぉー。かめよ、かめよ、かめよ、かめよ、元気よく〜」といった感じです。

添加物については、子どもたちが買うもの、食べるものに私からいちいち口を出さないかわりに、添加物一覧表を冷蔵庫に貼《は》っていました。「袋の裏にある成分を、この成分表で確かめてから食べてごらん」と。

子どもたちも「アステルパームは発ガン性。コチニール？…　え、これ虫なの?!」という感じでけっこう楽しんでやっていて、そのうちにだんだん本人たちが詳《くわ》しくなってきますから、買うときに裏を見るくせがついていて、自然と添加物の入ったものは買わなくなったようです。親がわざわざ言わなくても、このようにわかりやすい添加物一覧を貼って、ゲームのような感覚で「見ておいて」というのはいいかもしれませんね。

ただ、今の私の感じ方としては、何でも食べれることだけでありがたい、と思うので、どんな食べ物でも感謝していただく、という気持ちがあれば、たとえ少々毒でもいいものに変わるような気がしています。あれもダメ、これもダメ、と思っていると、気持ちがキューっと縮《ちぢ》こまる感じがしますが、何でもありがたくいただく、と考えると気持ちもフワーっと広がります。何かとダメといって制限をつけるよりも、広がりを持つ考え方を身につけさせたいので、何に関してもあまりダメとは言わないようにしています。

Q53 からだ・性教育

家庭での性教育、どうしたらいいの？

子どもへの性教育、学校ではどこまで教えているのでしょう？　また、家庭での性教育はいつ頃から始めればよいのでしょうか？

A 後退する学校の性教育、偏見を持つ前に正しい知識を

回答●北沢杏子さん

学校での性教育は、地域差もありますが、東京都をはじめ各地で、この数年、後退しています。2003年9月に、養護学校関係者116人が、都教育委員会により「過激な性教育」を実施しているとして処分されたことを皮切りに、2004年頃から、学校における性教育の教材や内容に関する調査や通知が次々と各学校に出され、性教育バッシング（叩き）、ジェンダー（性）の平等バッシング他の動きがあり、先生たちの間でも自主規制せざるをえないのが現状です。

例えば、小学校3、4年生の「命の誕生」のページには、「性交」はまったく記述されずに、精子と卵子の説明が登場し、そのあとにいきなり「胎児の成長」へと続き、さらにそのあと、出産の場面を省き、突然、お母さんに抱かれた新生児の記述がでてきます。性交や出産についての

記述は教科書にないだけでなく、学習指導要領にも記載されていませんから、子どもたちが正しい知識を得られるはずがありません。また某県教育委員会は、「授業では妊娠の経過を取り上げないこと」(性交についての説明が必要になるから)「性器の名称を教えるのは小学校4年生以降に」という「性教育手引書」まで作成されているようです。

また2004年4月の小学校の教科書検定により、小学校5、6年生の『保健』教科書のエイズについての説明が「HIV(エイズウイルス)は感染している人の血液や精液、ちつで出される液などが、ねんまくやきず口から入ることでうつります」が、「HIVは、感染している人の血液などが、きず口などから入ることでうつります」と修正されました。つまり性交で感染するという記述を削除《さくじょ》してしまったのです。これでは正確な感染経路すら学ぶことができません。

私も以前は、全国各地で性教育の授業や講演を年間200回ほど行っていましたが、最近は学力一辺倒で年間20回と激減、「寝た子を起こす」という性教育バッシングの影響もあって、私の講演前に校長先生から「具体的なことは教えないで下さい」と釘《くぎ》を刺されるような状態が続いています。

学校がこのような状況ですから、家庭での性教育が今までに増して大切な時代だと思います。

学校では、2004年の教科書検定前までは、性交について6年生でエイズの授業とともに教えなければならない時期、となっていましたが、エイズは性感染症(STD)だから性交を教えなければ――というのでは遅いのです。

私は、小学校1年生から4年生までの間に、プライベートゾーン（Q58を参照）、そして二次性徴、性交、妊娠、出産を成長と誕生の喜びとして教えたいと思っています。「早すぎる」と思われるかもしれませんが、現代では過剰で歪《ゆが》められた性の情報が、雑誌やテレビだけでなく、インターネットなどで氾濫《はんらん》していますから、6年生になるまでには、子どもたちはさまざまなメディアからポルノなどの性描写をすでにたくさん目にして「セックスはいやらしいもの」という認識を持ってしまっています。

6年生の保健の授業ではみんな下を向いてしまい、教科書を見ていると「あいつはいやらしい」と言われたりしてしまう。性教育反対論者は「寝た子を起こすな」といいますが、現代の子はもう寝ていません。それよりも、生まれて初めて触れるのが性を商品化した歪《ゆが》んだ情報、とならないように、性に対する偏見を持つ前に、正しく心豊かな性情報を伝えることが先決です。その下地をつくった上で、6年生になって、「ところが、性交もいいことばかりじゃないのよ」とエイズの教育を行うのがよいと私は思っています。

現在、日本では10代の望まない妊娠中絶数が年間3万1000件（厚労省母体保護統計）もあり、性感染症であるクラミジアの感染率が16歳女子で17・2％（日本医師会）と、先進国の同年齢女子の2～3％に比べてダントツに高いのを見ても、日本の性教育に問題があることは明らかです。

性は恥ずかしいもの、〝下半身〟の問題として、性に関する話題をあいまいにする傾向が日本人には特に強いようですが、性教育は人権教育です。まず、自分の心やからだのことをよく知り、まわりの情報などに惑わされずに自分の行動を選択、決定できるようになること、そして相手の性のあり方や選択も人権として尊重できる人間になることです。小学生の頃から、この下地を育ててあげてこそ、10代になったときに性を含めた自分の生き方を選び、判断できる自立した個が形成されるのだと思います。

性教育は、いのちの大切さを教え、その大切ないのちを「どう生きるか」の教育にほかなりません。お母さん、お父さんご自身の性の価値観を見直すいい機会と言えるでしょう。

子どもの質問に耳を傾け、分からないことがあれば「調べておくね」と言って、きちんと調べて教えればいいのです。性教育の絵本もたくさんありますから、絵本を一緒に読むことも話しやすい一つの方法でしょう。

何よりも、性について楽しくオープンに家庭で話し合える環境をつくりあげることこそが、子どもの性を、人権を本当の意味で尊重し、大切に見守ることに繫《つな》がるのです。

Q54 性・子どもからの質問にとまどう私

からだ・性教育

私はどうして生まれてきたの？　お母さんとお父さんもセックスしたの？　子どもからの質問、どこまで、どう答えたらいいのでしょうか？

A 明るく、分かりやすく、正直に

回答●北沢杏子さん

どの子も必ず聞く質問ですが、「コウノトリが運んできた」などとごまかすのではなく、きちんと説明してあげましょう。こんなふうに答えてみてはいかがでしょうか。

「お母さんだけでは赤ちゃんは産めないのよ。赤ちゃんを産むためにはお父さんが必要なの。お母さんもお父さんも、小さな赤ちゃんのもとを持っていて、お母さんとお父さんの赤ちゃんのもとを合体させると、小さな赤ちゃんがお母さんのおなかの中にできるの。その小さな赤ちゃんを、お母さんのおなかの中にある、赤ちゃんを育てるお部屋で大事に大事に育てると、だんだん大きくなって、ある日、オギャーって生まれてくるのよ」と。どうですか、いやらしい感じがしますか？

私はいつも出張授業などで、かわいい縫《ぬ》いぐるみのハツカネズミなどを使って子どもたちに話しますが、そうやって大事に大事にお母さんのお腹の中で育って、ついに子ネズミが生まれたとき、子どもたちに「どんな気持ち？」と聞くと「うれしい」「かわいい」と大喜びで答えます。「あなたたちもそうやって、うれしいね、かわいいね、と言われて生まれてきたんだよ」と話します。子どもが周りの人々に喜ばれて生まれてきたことを教えてあげるよい機会です。

お母さんもセックスしたの？　という質問に対しても、「そうよ。お父さんのこと、とても好きだからね」とさらりと言えるといいですね。そのためには、お母さんがまず、「恥ずかしい」という気持ちを乗り越えなければいけません。

外国の親子の話ですが、「お母さんが（性交すると）嬉しいって言うけど、どんなふうに嬉しいの？」と子どもが聞いたとき、お母さんは、「あなたがずっと欲しかった、お友だちの家に生まれた子犬の赤ちゃんがもらえることになって、初めて抱きかかえて帰ってきた、あのときみたいな気持ち…嬉しくて嬉しくて…だったでしょ、ああいう気持ちよ」と説明していました。このように、子どもにも分かるような例を挙《あ》げて話せばいいと思います。逆に、「夫が要求するから仕方なくて応じている」というような関係であれば、子どもにも説明できないでしょう。実はこの質問はお母さんとお父さんの関係が性的、精神的に自立しているかどうかが問われているのです。

Q55 からだ・性教育

性の目覚めにどぎまぎ

性器いじり、マスターベーションをしているのを目撃してしまいました。やめさせるべきでしょうか？　何も言わずに放っておいていいのでしょうか？

A 親から離れ、自分だけの世界を持つ第一歩。悪いことではありません

回答●北沢杏子さん

性器をいじるのは、どんな子でも小さいときに通過することですし、自然にやめるようになるので、心配はいりません。親は叱ったりやめさせたりせずに、手が汚いと病気になるから清潔な手で——と教えること、そして自分の性器はプライベートゾーンといって、わたし自身、ぼく自身のもの、自分の意思に反して人に見せたり見せられたり、触ったり触らせたりしてはいけない部分であることを、やさしく教えてあげましょう。

子どものマスターベーションには、親は目撃しないこと、見ても見ぬふりをすることです。マスターベーションは、「清潔な手で」「プライベートな場所で」この2つがとても大事です。子ども部屋があるなら子ども部屋で、なかったらカギのかかるトイレやお風呂場などプライベートな

場所ですること。頭が悪くなるとか、病気になるという迷信もありますが、そんなことはありませんので、お母さんがあえて何か言ってやめさせる必要はありません。

また、子どもの部屋にポルノ雑誌やマンガがあるのをお母さんが偶然見つけてしまったりすることもよくあることですが、そもそも子どもの部屋に無断で入ったり、引出しを開けるのは親子とはいえ、子どものプライバシーの侵害（※子どもの権利条約第16条）ですから、よほど問題のあることでない限り、親が口出しすることではないでしょう。高校生男子の98%、女子の25%がマスターベーションの経験ありと回答しています（青少年の性行動）。マスターベーションはむしろ、性欲を自分で管理し、解消するよい方法だといえるでしょう。

知的障がいを持つ子どもが人目のあるところでマスターベーションをしてしまった場合は、叱ったりせずに自分の部屋など人のいないところでするんだよ、と教えましょう。

マスターベーションが自分でできるようになる、ということは、親から自立して自分だけの世界を持つことでもあり、思春期の子どもが自信を持つ第一歩でもあることだと、専門家も認めており、決して恥ずかしいことでもいやらしいことでもありません。わが子の性的成長を認めて、ゆっくり見守ってあげましょう。

（※国連「子どもの権利条約」第16条　子どものプライバシーは不法に干渉されない権利を持っている。）

Q56 からだ・性教育

メディアの悪影響、対策はある？

子どもがインターネットのアダルトサイトを見ているようですが、注意したほうがいいのでしょうか？　また、家族でテレビを見ているとき、キスシーンやセックスの場面がでてくると、とても気まずい思いをします。どうしたらいいのでしょうか。

A メディアに左右されない、下地としての性教育を

回答●北沢杏子

インターネットのアダルトサイトについては、今、フィルター機能などいろいろありますが、これだけ性情報が溢《あふ》れている現代です。友だちの家などで一緒に見たりしますから、アダルトビデオやポルノ雑誌に触れさせないようにするのは、ほぼ不可能でしょう。

だからこそ、そのようなメディアに触れても揺《ゆ》るがない、その子の下地となる性の知識や批判力、判断力をつけさせることこそが大切で、それが性教育の役割なのです。

アダルトサイト、ビデオ、雑誌はつくりものであること、女をモノ扱いし、商品化しているもので、「ああいうものを見ると、女性を尊敬できなくなる――対等な恋愛はできなくなるよ」と

折にふれて伝えておくべきです。

女というのはあんなものだとか、セックスは暴力的に無理強いする方が男らしいのだと思ってしまう。そんなとき、親子で「DV（ドメスティックバイオレンス）防止法」について話すのもいいでしょう。

家族でテレビを見ているときのキスシーンなどですが、あわててチャンネルを変えたり消したりすると、子どもは「これはいやらしいことなんだな」と思ってしまいますから、むしろ、性教育のよいチャンスと捉えて、ドラマのラブストーリーについて、家族で話してはいかがですか？

あの女の子は本当にあの男の子が好きなのかしら、とか、男の子が強引にキスしてるんじゃないかな（これをデートDVといいます）とか、「お母さんはそうに思うけど、あなたどう思う？」とそれをきっかけに会話をしたらいいと思います。

Q57 生理について、娘への説明は?

からだ・性教育

初経（初めての月経）や精通（初めての射精）、いつ頃、どう説明したらいいのですか? 男の子と女の子、性教育に違いはあるのでしょうか? また、男の子の場合、母親からは話しにくいこともありますが…?

A できれば母から娘、父から息子へ、前もって気持ちの準備をさせよう

回答●北沢杏子さん

女の子には月経の話を4年生までにはしておきたいですね。今はマスメディアの影響もあり、3年生から月経が始まる子もいるようですが、通常は4年生くらいで話すといいと思います。ホルモンの作用として、性毛が生え、女の子には月経というものがあってちつから月経血が出てくるかもしれないよ、ということを前もって教えて下さい。初経についてまったく予備知識がない3年生の女の子などには、驚いたり恐がったり、かわいそうな思いをする子がたくさんいます。

あとは教える先生や親のセンスによるところも大きいのです。初経教育がショックだった子は生理痛が強い、というデータもあるほどですから、お母さんが「毎月こんな思いをするなんて、

女って損だわ！」と内心で思いながら教えるのと、「きちんと訪れる月経周期は女性の健康のバロメーターよ」と肯定的な気持ちで教えるのとでは、子どもが抱く月経に対する印象もずいぶん違います。そのためには、お母さん自身が、月経の捉え方を振り返ってみる必要があるかもしれませんね。

同年代の友達からのピアプレッシャー（友達や仲間からの圧力）もあります。4年生で生理が来るのは早すぎるのではないか？とか、6年生になっても始まらないのは恥ずかしいとか。でも生理が始まる時期は早い子もいれば遅い子もいる――みんなからだの中にはそれぞれ成長の目覚まし時計があって、ジリリリン…鳴ると始まるのよ、と事前にきちんと教えてあげることも大切です。

男の子の精通のことは、女の子の生理のようにきちんと教えられることが少ないのですが、やはり同性のお父さんに協力してもらうのが一番です。たとえばお風呂に一緒に入ったときなどに、お父さんも昔こうだったよ、とか、そのうち眠っている間に白いものが尿道口からちょっぴり出てきてびっくりするけど、それは夢精というものだから心配しないで、とか、夢精でよごしたパンツは下洗いして洗濯機に入れるのがエチケットだよ、など、自分の下着は自分で洗うという習慣を身に付けさせたいものですね。男の子には、できればお父さんやお兄さんから、単身家庭の場合は担任の先生や養護教諭などにお願いして教えてもらうのが理想ですが、お母さんが専門書などでよく勉強するか、あるいは〝男の子のからだ絵本〟などを一緒に読んで話すのもいいと思います。

性教育について、男の子と女の子で特に分けて考える必要はないと私は思っています。男の子か女の子か、ということよりも、むしろその子の成長にあわせて考えることが大切です。もちろん、男女で性器の違いなどはありますが、性器を清潔に保つこと、プライベートゾーンを大切にすることなどは同じですし、男の子が女の子の、女の子が男の子の体のつくりや思春期の急激な変化を知ることも大切です。どちらにしても、自分の性やからだについて正しい知識を学べ、明るくオープンに話せる環境が家庭にあることが子どもにとって最も重要です。

女子の初めての月経を以前には「初潮」と読んでいましたが、今は「初経」が正しい呼び方です。初経のあと、2〜3年経つと、月経周期はきちんとしてきます。28日型〜30日型といって、月経の初日から数えて次の月経は28日目（または30日目）にくるようになるのがふつうです。

男の子の初めての射精を「精通」と呼んでいます。眠っている間に、なんとなく性的な夢を見て、精液が洩《も》れるのを「夢精」といって、これから始まるのがふつうのようです。何気なく性器を触っているうちに射精が起こってびっくりすることもあります。いずれにしても、精巣で精子が作られるようになった証拠で、「種の保存」からいって、ごく自然なこと――むしろ、女の子の初経と同じように、喜ぶべきわが子の成長の証《あかし》です。

Q58 からだ・性教育 性犯罪から子どもを守る

子どもを狙った性犯罪が増えているようです。性被害にあわないために、何に気をつけるべきですか?

A あいまいにせず、危険の可能性を具体的に伝える

回答●北沢杏子さん

性被害にあわないためには、①自分のからだは自分で守る!と教えること、②不快に感じるふれあいは拒否する権利があり、「いや!」といえるようにすること、③被害にあったら(また、あいそうになったときも)、必ず信頼できる大人に話すことを日頃から伝えておきましょう。

小学3年生くらいまでには「プライベートゾーン」について教えます。わかりやすいのは水着を着て覆《おお》われるところ(女の子は乳房、性器、肛門、男の子は性器、肛門)――ここはプライベートゾーンといって、わたし自身、ぼく自身のもので、自分の意思に反して見せたり見せられたり、触ったり触られたりしてはいけないところだと伝えます。日本では昔からよく、性器のまわりを「恥ずかしいところ」とか「大事なところ」と教えますが、私は「あなたのからだには恥

ずかしいところはどこにもないし、特別に大事なところもない。全部がかけがえのない、大事なものなんだよ」と伝えます。

また最近は、知らない人より、顔見知りの人による性犯罪が増え、子どもは気を遣《つか》ったりおどされたりして話せないことも多いようです。犯罪とは別の話しですが、小学4年生くらいの女の子でもお父さんが一緒にお風呂に入ってきたり、親戚のおじさんに「大きくなったなぁ」などと抱きかかえられたりされることがとてもいやだ、という子もけっこういるのです。

「いやな触れられ方」とはどんなものかについても話し合い、自分がいやと思う触れられ方をされたら「いやだ」と拒絶しよう、ということも普段からしっかり教えておきましょう。

小さな子どもに必要以上に不安感や恐怖感を抱かせるのはよくないことでしょうが、もしも子どもが「知らないおじさんについていったら何をされるの？」と聞いてきたら、言葉を選びながら、性虐待《ぎゃくたい》に遭《あ》うかもしれないこと（プライベートゾーンを触《さわ》りたがったり、自分の裸を見せたがったり、レイプしようとする人もいる、ということ）も話しておく必要があると私は思っています。デンマークでは小学校1～2年生対象の性教育のテキストでも、このような可能性について具体的に教え、「自分で自分を守る」トレーニングを小さいころから繰《く》り返し行う必要があることを教えています。

日本は報道でも、性被害の具体的な内容を避《さ》けて伝える風潮がありますが、それでは「知らない人」についていくと何が起こるのか、何がこわいのかがよく分かりません。起こりうることを具体的に説明しておけば、子どもの心構えも違ってきますし、万が一、性被害にあった場合も、自分の受けた被害を客観的、具体的に説明でき、適切なケア（身体的、心理的）を早く受けることができます。

そして万が一被害にあってしまった場合、子どもはただでさえショックを受けています。子どもがあなたに何があったかを話した場合、「どうしてそんなところに行ったの！」とか「あなたが不注意だからいけないのよ！」と子どもを責めるような反応は絶対にせず、自分を信頼して話してくれたことに対し「あなたが悪いのではない」「話してくれてありがとう」というメッセージを繰返し伝えましょう。しっかり抱きしめて、子どもの話をよく聞いて下さい。そして学校や警察、場合によっては病院など、必要なところに連絡し、子どもの体と心のケアに心を砕《くだ》いて下さい。

普段からできることとして、『安全のための10の約束』を書いて壁《かべ》に貼《は》っておくのもいいでしょう。

1．ひとりであそばない
2．でかけるときはどこへ行くかをうちの人に言ってから
3．しらない人にはついていかない・しらない人の車にはのらない

4．しらない人からものやお金をもらわない
5．あぶないと思ったら大声でさけぶ
6．家のかぎをあけるときはまわりを確かめる
7．エレベーターでは停止ボタンのそばにたつ（危険を感じたときは、各階のボタンを押し、止まった階ですばやく降りて逃げる）
8．ひとりでおるすばんのとき、あやしい電話だと思ったらすぐにきる
9．ひとりでおるすばんのとき、だれかがたずねてきてもドアをあけない
10．あぶないめにあったら、すぐにうちの人や先生に話す

また、危険を感じたときには「子ども110番の家」の場所や、コンビニ、ガソリンスタンドなど、いつも従業員がいるところに逃げ込んで、すぐに助けを求めるように伝えておきましょう。「子ども110番の家」に協力しているお店や家には、お散歩のついでなどにお子さんと一緒に、軽くあいさつしておくといいですね。

北沢杏子（きたざわ きょうこ）「性を語る会」代表

1965年から性教育を中心とする研究、講演活動を展開。全国の小、中、高校、大学の公開授業を行なうと共に、200余点の性教育・エイズ教育・性暴力被害防止などの教材を制作。文部大臣賞、教育映画祭最優秀賞・人権賞などを受賞。アーニ出版共同代表、医学ジャーナリスト協会会員、国連人口基金および国際協力事業団の専門家派遣員他。『ある一族の愛と性』（現代書館）ほか著書多数。

汐見稔幸（しおみ としゆき） 白梅学園大学教授・副学長

東京大学大学院教育学研究科博士課程修了。東京大学教育学部付属中等教育学校校長、東京大学大学院教育学研究科教授を経て、07年4月から現職。専門は教育学、教育人間学、育児学。教育学を出産、育児を含んだ人間形成の学と位置づけ、その体系化を与えられた課題とする。三人の子どもの育児に関わった体験から、父親の育児参加を呼びかける。『学力を伸ばす家庭のルール』（小学館）ほか著書多数。

はせくらみゆき 画家／エッセイスト

子どもが未熟児で生まれたことをきっかけにナチュラルでシンプルなライフスタイルを実践、その中で生まれた生命の喜びをアートや文章に表している。全国で個展とアートセラピーのワークショップを開催する傍ら、雑誌や新聞、絵本、講演など幅広く活動中。三線とフラダンスと旅が趣味の三児の母。北海道生まれ、現在、神戸在住。著書は『試して選んだ自然流子育てガイド』（ほんの木刊）ほか。

藤村亜紀（ふじむら あき）「出会いと生きがい創りの場　陽だまりサロン」主宰

1990年、秋田大学教育学部幼稚園教員養成課程卒業。私立秋田南幼稚園に勤務する中、シュタイナー教育を知り保育に取り入れる。閉園により退職。子育て中に外出がままならず、ストレス解消に読んだ育児マンガに感化され、自分でも描き始める。現在は自宅を開放し、子育てサロンを運営。講演活動、ラジオ子育てコーナー担当などでも活躍中。著書は『子どもが輝く幸せな子育て』（ほんの木刊）ほか。

山下直樹（やました なおき） 治療教育家／スクールカウンセラー

東京学芸大学障害児教育学科を卒業後、スイスの治療教育施設、ゾンネンホーフのシュタイナー治療教育者養成ゼミナールにて学ぶ。04年より西東京にて、子ども発達相談室 Patio を主宰。発達に何らかの心配のある子どもたちへの療育、保護者相談などを行っている。港南台幼稚園（横浜市）にてスクールカウンセラーとしても勤務。著書『気になる子どもとシュタイナーの治療教育』（ほんの木刊）。

著者紹介（アイウエオ掲載順）

魚住絹代（うおずみ きぬよ） 元法務教官／訪問指導アドバイザー

福岡教育大学卒業後、法務教官に。12年間にわたり福岡、東京、京都の少年院に勤務し、非行少女の立ち直りに携わる。2000年に退官後、京都医療少年院講師となる傍ら、2002年から大阪府の公立小・中学校に勤務。非行、いじめ、不登校、性などの問題にかかわり、子ども・教師・家庭の支援を行うほか、子どもの問題対応への調査・研究も行っている。著書『いまどき中学生白書』（講談社）ほか。

内田良子（うちだ りょうこ） 心理カウンセラー

1973年より東京都内数ヶ所の保健所及び佼成病院・心理室にて相談活動を行う。98年から「子ども相談室・モモの部屋」を主宰、不登校、非行、ひきこもりなどのグループ相談会を開いている。ＮＨＫラジオの電話相談「子どもの心相談」アドバイザー、元立教大学非常勤講師。登校拒否を考える親の会、幼稚園や小学校など、全国で講演を行う。著書『子育てはなぞとき』（ジャパンマシニスト）ほか多数。

大村祐子（おおむら ゆうこ） ひびきの村「ミカエル・カレッジ」代表

1987年、米国カリフォルニア州サクラメントにあるルドルフ・シュタイナー・カレッジの教員養成、ゲーテの科学・芸術コースで学び、90〜92年、サクラメントのシュタイナーカレッジで、日本人のための「自然と芸術」コースを開始。96年より、北海道伊達市でシュタイナー思想を実践する「ひびきの村」をスタート。主著に半生を綴った『わたしの話を聞いてくれますか』（ほんの木刊）など多数。

尾木直樹（おぎ なおき） 教育評論家

早稲田大学卒業後、私立海城高校、公立中学校教師を経て、現在、法政大学キャリアデザイン学部教授、早稲田大学大学院教育学研究科客員教授。臨床教育研究所「虹」所長、日本精神保健社会学会理事。子どもと教育、メディア問題等に関する調査・研究活動に取り組む一方、講演、テレビのコメンテーター等、幅広く活躍している。『いじめ問題とどう向き合うか』（岩波ブックレット）ほか著書多数。

「子どもたちに幸せな未来を」小学生版シリーズ④

小学生版 のびのび子育て・教育Q&A

2007年9月20日　第1刷発行

編者――――――――ほんの木
企画――――――――（株）パン・クリエイティブ
プロデュース―――――柴田敬三
編集・営業・広報――岡田直子
営業――――――――丸山弘志
総務――――――――小倉秀夫
発行人―――――――高橋利直
発売――――――――（株）ほんの木
〒101-0054　東京都千代田区神田錦町3-21　三錦ビル
Tel 03-3291-3011 Fax 03-3291-3030
http://www.honnoki.co.jp
E-mail info@honnoki.co.jp
競争のない教育と子育てを考えるブログ http://alteredu.exblog.jp

ISBN978-4-7752-0057-5
郵便振替口座　00120-4-251523　加入者名　ほんの木
印刷所　中央精版印刷株式会社

読者ハガキをご返送頂いた方にもれなくお届け！

ほんの木　読者プレゼントのご案内

この度は『小学生版のびのび子育て・教育Ｑ＆Ａ』をお買い求め頂き、誠にありがとうございました。

ただいま小社では、読者ハガキをご返信頂いた方に、ささやかなお礼として、お好みのミニブック（非売品）をプレゼントしています。

本書付属の読者ハガキに必要事項をご記入の上、ご希望のミニブックをお選び頂き、ほんの木までご返信下さい。後日、小社よりミニブック、及び新シリーズのご案内をお届け致します。

初めてのシュタイナー 幼児教育ミニブック

人気の単行本『家庭でできるシュタイナーの幼児教育』のエッセンスを一冊に再編集。シュタイナー教育の基本がわかりやすくまとまっています。

（A5判／24ページ）

子育てに迷ったときに そっと開くミニブック

「子どもたちの幸せな未来」第1期～第3期までの大切なポイントをテーマごとにまとめなおしたダイジェスト版。読みやすくて役に立つ、と口コミで広がっています。

（A5判／30ページ）

※在庫切れの場合はお待ち頂くことがございます。
※両方ともお持ちの方には、小社刊「自然治癒力を高める」講座シリーズの小冊子（無料）をさしあげます。

昨日に聞けば明日が見える

ひびきの村代表　大村祐子著

定価 2,310円（税込）送料無料

シュタイナーの7年周期説をわかりやすく解説。「なぜ生まれてきたの」「運命は変えられるの」等への意味と答えがきっと見つかります。

わたしの話を聞いてくれますか

ひびきの村代表　大村祐子著

定価 2,100円（税込）送料無料

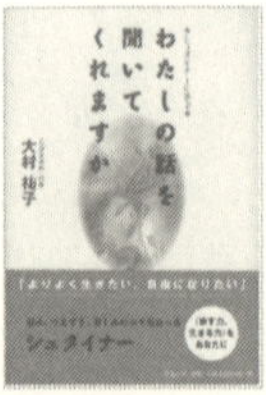

迷い、葛藤の末に出会ったシュタイナー思想。42歳で子連れ留学、シュタイナーカレッジで過ごした11年間を綴った感動と共感のエッセイ。

子どもが変わる魔法のおはなし

ひびきの村代表　大村祐子著

定価 1,575円（税込）送料無料

言葉でしつけたり叱る代わりに、小さなおはなしをしてあげませんか？今日から始められる「おはなし子育て」のすすめ。

シュタイナー教育の模擬授業

大村祐子＆ひびきの村著

定価2,310円（税込）送料無料

シュタイナー小学校・幼稚園の実際の授業内容を写真、イラスト、楽譜などを盛り込みわかりやすく再現した貴重な記録。

大好評発売中！

家庭でできるシュタイナーの幼児教育

ほんの木「子どもたちの幸せな未来」編

（A5判・272ページ）定価1680円

シュタイナー教育の実践者、教育者ら28人による、わかりやすいシュタイナー教育の実用入門本！

シュタイナーの7年周期説、4つの気質、3歳・9歳の自我の発達、お話は魂への栄養という考え方、自然のぬくもりのある本物のおもちゃや遊びの大切さ……誰もが親しめ、家庭で、幼稚園・保育園や学校で実践できる、シュタイナー教育の28人の叡智がいっぱいにつまった、大人気の一冊です。